うわさとは何か

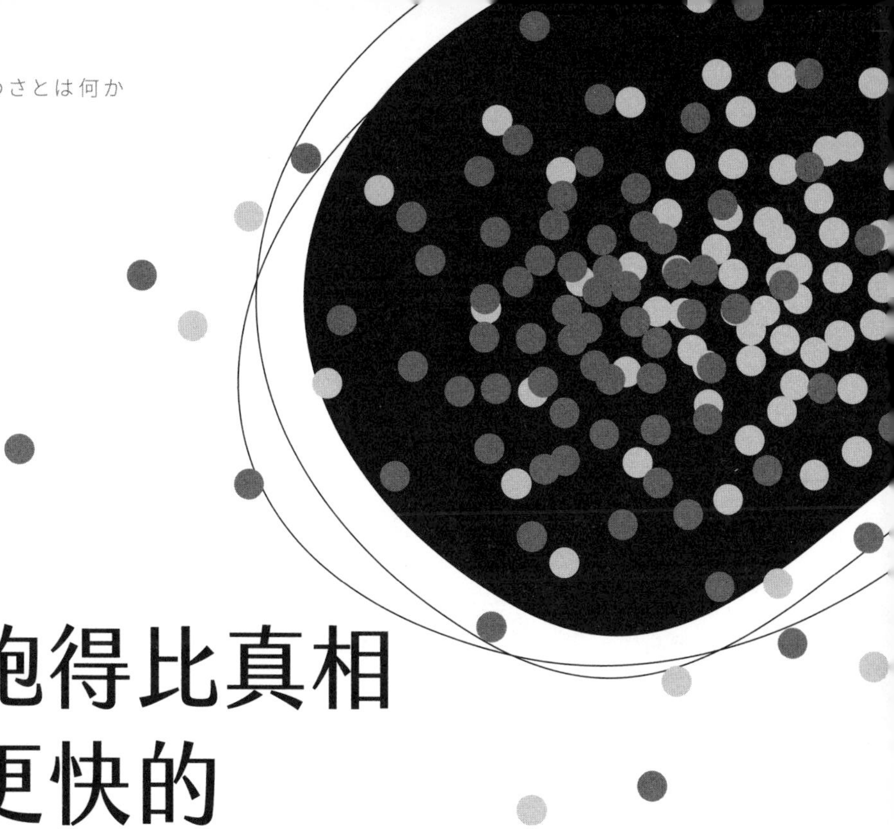

跑得比真相更快的謠言

要判讀的是訊息，還是人心？
點出正確知識道路的「資訊傳播心理學」

社會學家
松田 美佐

林以庭———譯

※ 本書 2019 年曾以《流言效應》之書名上市

目錄

Contents

推薦序

謠言的兩面性

野島剛

沒有任何的「媒體」可以像謠言這樣，如此滲透到我們的生活當中吧。可是，這個被認爲是「世界上最古老的傳媒」的謠言，到底是以什麼樣的結構被口耳相傳，又如何深刻地影響我們的生活？卻鮮少有書籍正面深入探討這些問題，正因爲謠言就像我們呼吸的空氣般，存在於無形之中。但是，松田美佐的《跑得比眞相更快的謠言》一書則是深入淺出地介紹謠言的奧妙之處。

作者在傳播學方面是實力堅強的研究者，從以前開始，在有關謠言的歷史性、社會性意義的研究上，就累積了不少成果。透過本書，可知道謠言的世界無遠弗屆，同時也是一刀兩刃，既是具有殺傷力的武器，也可以做爲擴散愛心的媒介。

雖然，謠言也是社交上不可或缺的話題，但是發生災害時更可能是造成人心惶惶的亂源之一。尤其是現代網路發達，在謠言一下子就擴散開來的時代，我們更應該從本書理解謠言的本質。

〈本文作者爲知名作家、資深媒體人〉

前言

謠言，歷久彌新的傳媒

如果有一天，朋友這麼對你說：「聽說A會辭職，是因爲被你霸凌耶，謠言傳得到處都是。」

然而你卻完全沒有頭緒。你平時和A相處得還不錯，他也和你聊過關於辭職的念頭，甚至最近中午都還會一起吃飯。你感到驚訝，接著不免冒出一個疑問：「是誰在散播這種謠言的？」

你會接著否認：「那是騙人的啦，我和A很要好，我們最近才一起去吃過飯耶。好討厭噢~居然在傳這種不實謠言。」

如果告訴你的人和你關係不錯，想必他會相信這只是謠言，或許還會幫你向周圍的人澄清。但是，如果是和你沒什麼交情的人，聽見你的強力反駁，反而會這麼想也說不定：「嘴巴上說是誤會，但畢竟『無風不起浪』啊，搞不好眞的發生過什麼事，不然怎麼會被說閒話呢？」

即使是與事實截然相反的謠言，一旦當事人強烈否認，這個「否認」的舉動本身在他人眼裡看起來就更不自然，爲此生氣反而令人起疑，所以即便被散播奇怪的謠言，比起四處否認、澄清，不如抱持「謠言難過月，過月無人傳」。的心態等待謠言平息。

非常遺憾的是，如果本來對你印象沒有特別好的人，偶然間聽見有關於你的謠言，也只能說「衆口難防」。況且，謠言基本上不會傳到當事人耳裡，即使你聽見了之後極力否認，「謠言滿天飛」的情況本身，就會被視爲謠言的「根據」。「原來他是那種人啊，不意外。」最終，他人對你的印象，只會變得更糟。

與事實不符的事、毫無根據的事會經過口耳相傳逐漸擴散，一般人被問到「『傳聞』是什麼意思？」的時候，腦海中第一個浮現的，通常是「沒憑沒據的謠言」吧。

早在遠古時代，謠言就已經存在了，對我們人類來說一點也不陌生。法國社會學家卡普費雷（Jean-Noël Kapferer）將謠言稱爲「最古老的傳媒」。不過，這個「最古老的傳媒」即便在報章、電視等大衆傳播媒體普及之後，甚至是手機、網路被廣泛運用的現今，存在感依舊沒有受到半點影響。

不過，究竟什麼是謠言呢？

其實至今仍沒有一個明確定義，比方說，「沒憑沒據的謠言」和「無風不起浪」這兩種狀況相互矛盾，卻又都能成立。除此之外，謠言一旦擴散就停不下來，俗話說「衆口難防」，但過了一段時間後自然就不會有人再討論了，正所謂「謠言難過月，過月無人傳」。謠言有沒有辦法用人爲方法平息？什麼時候才會完全平息？雖然人們都說「謠言止於智者」，但要怎麼做才能成爲智者？

受到負面謠言或負面評價所苦的個人或企業，想必會希望找出散播謠言的源頭，但想找出源頭卻是難如登天。人與人之間口耳相傳的傳聞又稱爲「評論」，評論是正確資訊，謠言是錯誤資訊……眞的這麼容易就能分辨出來嗎？

自東日本大震災以來，日本媒體上不時就會出現「風評被害」（意指聲譽損害）這個詞，它與謠言的差別是什麼呢？不光是這次震災，發生一般災害的時候，謠言也會傳得到處都是，這又是為什麼呢？

本書的宗旨便在於此。首先要帶領讀者們一起了解謠言這種「最古老的傳媒」，接著要帶大家一起思考，為何像是「都市傳說」這種典型的謠言，甚至也不算是有價值的消息情報也並沒有什麼價值，卻會被人們廣為流傳。

提起「裂嘴女傳說」，一定年紀以上的日本人應該會覺得懷念。這個謠言在一九七〇年代末期，在小學生之間大肆擴散。當時我還只是小學生，從姐姐口中聽見這個傳說後害怕得不得了。隨著時光流逝，我居然在幾年前與這個傳說「重逢」了。我的孩子上小學，他借來的書裡就印著這個傳說的插圖。現在裂嘴女已經成了兒童書籍、漫畫、動畫裡的「鬼故事」常客，來自韓國的留學生也告訴我，他小時候也在故事書裡讀過裂嘴女傳說。為什麼裂嘴女會成為怪談的固定班底，甚至漂洋過海，傳到其他國家呢？

除此之外，還有「耳洞的白線」、「洗屍體的兼職」等，然而，我們爲什麼會聊起這種謠言（都市傳說）呢？本書接著把焦點放在這些會出現在日常對話裡的話題上，梳理出謠言本身的多樣性，並試圖讓讀者了解，究竟爲什麼特定的故事會在人群中持續流傳？

之後，我們將探討現今手機與網路普及社會中的謠言。網路上充斥各種不負責任的言論和假消息，所以被批判爲「謠言的巢穴」，但如果從手機與網路這種傳播媒介的特性來看，實在難以就這樣下定論。

當然，在手機與網路的普及之下，謠言漸漸轉型是不爭的事實。就以謠言的「短命化」現象爲例。在東日本大震災當天，「因爲煉油廠發生火災，雨水中含有各種有害物質」的謠言以首都圈爲中心，經簡訊或推特爆炸性地蔓延。然而，破解謠言的資訊也隨之傳了出來，謠言在短短幾天就平息了。在網路社會中，謠言來得快、去得也快。

在網路上，人人都可以是資訊的接收者，同時也可以是發送者。因此，隨著網路運用逐漸普及，過去以大衆傳媒爲主的單向資訊傳遞模式開始發生轉變，人際關係與社會結構也因此將產生變化，不，也有人主張早已徹底改變了。不過，以「網路社會人人都可以是資訊的收發者」這個特徵來看，身爲「最古老的傳媒」的謠言，也擁有同樣性質。既然如此，「謠言」本身是否在左右未來社會發展上，占有舉足輕重的地位？

歷久彌新的傳媒——謠言。

希望讀者能夠透過這本書了解謠言，並感受它的魅力，與我一同思考在未來社會中，人類與資訊之間的關係。

第 1 章

謠言的
真實影響力

大恐慌、獵巫行動、國家戰爭……
自古代開始，謠言就發揮了極大的影響力。

1 社會現象的推手

■「缺貨」之亂

某一天，從我家的窗户往下望，可看見主婦們在家附近的超市大排長龍，好像在排隊買洗衣精。「買個洗衣精居然排成這樣……」妻子如此說道。過沒多久，她又湊到窗邊看了一眼。「洗衣精有缺到這種地步嗎？」她起身去看了一下家裡的「庫存」，接著便聽見她說：「這些夠嗎？」過了一會兒，妻子又走到窗邊，嘀咕了一句：「還是去排個隊好了。」然後匆匆忙忙地出門了。

我在幼稚園閒話家常的時候，有個熟人突然說：「我剛剛去店裡一看，鹽都沒半包了，妳最好也先買起來囤吧。」我到超市一看，架上的鹽眞的滿少的，當下立刻買了兩包。後來仔細一想，家附近的雜貨店就有在賣鹽了呀，眞搞笑。

這兩則記錄在報紙上的小故事，充分表現出人們容易被物資不足的謠言吸引，進而參與囤貨行動。這些記載於報紙的上內容，描述發生在一九七三年，從衛生紙到洗衣精、鹽等各種商品的囤貨騷動。

起初，大家對於物資不足的謠言抱持半信半疑態度。但親眼見到排隊人潮後，不免會開始擔心：「現在不買，會不會買不到了？」先是熟人提供的資訊，再加上超市裡的商品數量稀少的事實擺在眼前，「反正都是必需品，趁買得到的時候買起來放吧」，這種想法讓我們比平時更容易衝動買下多餘的東西。碰到相同情況還能冷靜克制自己不花錢的人並不多。

「衛生紙騷動」這一場在日本最廣爲人知的囤貨騷動，發生在一九七三年十月底。石油危機爆發後，社會大衆開始關切通貨膨脹或物資不足的議題。十月二十九日，奈良市近郊住宅區引發了衛生紙騷動。隔天蔓延至大阪、枚方、寢屋川、東大阪等地區，造成衛生紙價格上漲至將近三倍。

這起騷動逐漸擴散到日本全國各地，因為電視新聞及報紙均報導了主婦們蜂擁到各地超市搶購衛生紙的現象。

十一月二日，兵庫縣尼崎市甚至傳出有人受傷，囤貨商品也從衛生紙一路擴大到洗衣精、砂糖、小麥粉和鹽。謠言招來更多謠言，囤貨商品擴大以後，本來屬於日本專賣公社專賣品的鹽居然也成了囤貨商品。就如同前面報紙文章裡的故事，竟然許多人都完全沒想到，根本不可能買不到鹽。

針對這起騷動風波，政府強烈否認有物資不足情況，也下令廠商緊急生產出貨。當店家架上的商品充足之後，這起騷動在關西僅花了短短一週便平息了。接下來要介紹的是一九七三年十一月二十日刊登在《讀賣新聞》，一名居住在東大阪市十九歲主婦的一篇訪問。

現在回想起來還是難以置信。大概是上個月月底吧，街坊鄰居和家人都在討論衛生紙缺貨的事，我也跟著去排隊，甚至在開店前一個小時就去排了。

結果這場騷動轉眼間就結束了，所以現在店家的衛生紙才會堆到沒地方放吧。什麼？東京現在也鬧得很嚴重嗎？唉唷，不用擔心啦，眞的沒什麼好擔心的。

暴風般的騷動平息以後，家裡囤的貨堆積如山，店家商品價格也大幅上漲。要是大家沒有一窩蜂跑去囤貨，或許東西的價格就不會上漲，家裡的空間不會變小，也不用浪費時間去排隊了。

那麼，這起囤貨騷動，是被謠言操弄的人們所犯下的愚蠢行爲嗎？

■自我實現的預言

雖然關西的囤貨騷動短短一週就平息了，但以全國的大範圍來看，卻持續整整一個月。如同前面提到的《讀賣新聞》訪問，當關西的騷動逐漸平息時，十一月都過去半個月了，但首都圈的騷動卻還在沸沸揚揚，《讀賣新聞》十一月二十一日的晚報中，一名四十六歲上班族受訪時如此說道。

今天公司放假，但內人連日東奔西走，有些累壞了，於是由我出門採購。我排在從前面數來第五十個，但我和兒子加起來只買到兩串衛生紙，哪像政府說的「庫存充足」啊？

「衛生紙將會嚴重不足」，不只是單純的謠言，而是現實中發生的事。平時大家只買一串衛生紙，但因爲大批人潮聽信物資不足的謠言，導致每個人都拿了兩、三串，最後反而讓謠言成眞。反過來說，如果物資不足的謠言沒有大幅蔓延的話，根本就不會發生物資不足情況。

受到特定資訊擴散的影響，人們會採取不同以往的行動，結果反過來應驗這個資訊。社會學家莫頓（Robert King Merton）將這種過程稱爲**自我實現預言**（self-fulfilling prophecy）。

騷動平息之後，批評這些聽信謠言而採取異常行動的人們「被謠言操弄」是一件很容易的事。但對於身處謠言風暴中心的人們來說，物資不足是鐵錚錚的「事實」，就算產生「趁買得到的時候買起來囤」的想法是合乎情理。事實上，最後也確實買不到該商品了。

■當謠言化爲現實

二〇一一年三月東日本大震災後，全國各地沒有直接受到地震、海嘯影響的地方也爆發類似的囤貨騷動。

一開始是災區嚴重缺乏的汽油，再來是泡麵、即食食品、米、礦泉水等食品和飲品，以及紙尿布、衛生紙等日用品，還有停電時必備的乾電池、手電筒都成爲囤貨對象，導致超市和便利商店的商品架空空如也。在加油站排隊、在超市買泡麵的消費者比平時多，爲了找電池在店裡走來走去，想必日本讀者中也有部分做了相同的事。

《朝日新聞》二〇一一年三月二十一日的早報上一則靜岡縣的相關報導，採取囤貨行動的人表示：

因爲丈夫的姐姐、姐夫住在埼玉縣，所以我昨天買了二十五公斤的米寄過去。今天來超市是來買自家用的水和泡麵。

平時買得到的東西常缺貨，有的東西只有特定店家才有賣，所以找到的時候忍不住多買了三、四個。

換言之，原因是「食品和飲品有可能缺貨，趁買得到的時候買起來放」、「有親戚或朋友住在物資缺乏地區，所以買了幫他們寄過去」。

當時大衆媒體上有許多聲音批評非災區地區的囤貨行爲，但因爲「只想到自己」的利己動機而跑去囤貨的人其實並不多。

物流的配送速度的確會因爲震災而延誤，也會造成暫時缺貨的狀況。但就如同出現衛生紙恐慌的狀況，大家如果冷靜採取行動的話，就不會有這麼多地區陷入物資不足的窘境。

我強調的是，每個人所採取的行動基本上都是建立於理性思考或善意之上，絕非受到謠言操弄或者陷入恐慌。然而，當一大群人改變自己的行爲後，確實造成石油短缺，超市與便利商店的商品也被掃購一空，「物資不足」原本只是謠言，逐漸成爲了現實。

■找出「兇手」的獵巫行動

我再舉一個受謠言影響更深的例子。理解謠言強大的力量之後，我們必須將它牢記在心——始於一九二三年關東大地震的「朝鮮人來襲」傳言。

九月一日發生地震當晚，橫濱附近開始流傳「朝鮮人趁亂縱火」謠言，而這個謠言在轉眼間便從災區一路蔓延到日本全國各地。

謠言在口耳相傳過程中，漸漸惡化成「四處掠奪」、「在井裡下毒」、「策畫了動員數百人的襲擊」的說法。同時，人們在化成廢墟的街角發現了用白色粉筆留下的「A」「ケ」「↑」等記號，這些記號其實是牛奶、報紙配送員或水肥業者爲了方便辨識客戶位置所留下的，卻被解讀成是朝鮮人用來通知同伙襲擊地點和縱火計畫的暗號。如此一來，「朝鮮人來襲」就不再是謠言，而是有具體根據的「事實」了。

然而，災區陷入一片混亂，根本無法借助警察的力量，於是各地民衆自發性地組成了自衛隊，防範「朝鮮人來襲」。

這些人頂著「自衛」名義，展開了虐殺行徑。被視爲「朝鮮人」的大多數人，包含了戴著某種風格的帽子的人、無法正確唸出特定單字的人、說不出歷代天皇的名字的人……都慘遭自衛團襲擊、殺害。犧牲的不只是日本人，還有中國人，以及被誤認的日本人。據說犧牲人數達數千名，但基於政治層面考量，確切人數仍在研議當中。

根據朝鮮總督府警務局收集的書面資料指出，犧牲者人數估計約爲三六八〇人、四四〇五人、六六六一人。另一方面，政府「只認定確定因犯罪行爲遭到殺害」的犧牲者，數據之間的落差將近三百。

政治學家吉野作造以在日朝鮮人學生所組成的「在日朝鮮同胞慰問會」的調查結果爲基礎，同時標注虐殺現場的地名，截至十月底之前的犧牲人數爲二六一三名。吉野在自己的論文〈朝鮮人虐殺事件〉中公開了犧牲人數，原本預定要刊登在改造社出版的《大正大震災誌》中，但卻遭到內務省明文公告禁止。

此外，由警察與軍隊犯下的虐殺行徑也不在少數。

第2章會提到社會學家清水幾太郎，他在震災過後到千葉縣市川的國府台的兵舍避難，深夜中他撞見大批士兵在清洗自己的劍，還說上面沾的是「朝鮮人的血」。

■相信，是出於避險本能

批評這起事件是「愚蠢的人們輕信沒憑沒據的謠言」、「就是內心有著根深柢固的偏見與歧視才會相信那種謠言」，就太過片面了。

突然發生大地震的當時，火災接連不斷，熟悉的城鎮毀於一夕，死傷慘重。既不知道哪裡才是安全的地方，也無法確認家人、朋友是否安全。

那個年代也還沒有電視和收音機的即時轉播，大衆傳媒就只有報章雜誌這類型的平面媒體。日本開始有收音機轉播是在震災兩年後的一九二五年，因爲震災當下的資訊混亂加速傳媒的發展。報紙當然無法在災區發行，相關資訊也只能靠人們口耳相傳。當時流傳出來的資訊，就是「朝鮮人來襲」。

自發性組成自衛隊保衛家園的那些人並沒有惡意，正確來說，眞正懷有惡意的是那些明明知道「朝鮮人來襲」是「假消息」還向外傳播，並灌輸給自衛隊的人。

既然自衛隊掌握到的不是「事實」，那麼就不應該認爲他們是「懷有惡意的」。然而當下並沒有其他「依據」可以反駁這些口頭線報，而自衛隊基於「防範未然」立場，有所警戒也是情有可原的。當然，這並不能做爲合理化「假『自衛』之名，行虐殺之實」的理由。

警察和軍隊也基於謠言，執行呼籲民衆提高警覺的任務。在災區之外發行的報紙上也刊登這些謠言，然後他們再將報紙帶進災區。起初，還會有人覺得「不可能預知地震時間並計畫起義行動」。但看見青年團的團員四處巡邏的樣子後，大家漸漸開始認爲那些謠言一定是有根據的。

如此這般，謠言一路擴散到災區以外的地方，全國各地都出現犧牲者。假如碰上類似情況，隨時都有可能會發生同樣的事。關東大地震時的「朝鮮人來襲」謠言以及謠言所引發的後果，我們都應銘記於心。

■散播，是爲了預防萬一

「朝鮮人來襲」的謠言，也間接導致災情擴大。

歷史學家鈴木淳在著作《關東大地震》中，針對關東大地震當時的消防、醫療、志工進行分析，希望有助未來的防災、減災及災害時的救援行動。分析結果顯示，「朝鮮人來襲」的謠言妨礙了原本迅速的救援行動。

嚴格來說，在軍隊和警察的協助下，以往的救援行動都人力充足，卻因爲謠言大幅蔓延，軍警轉而將人力投注到警備行動上。

此外，在災情較輕的地區，青年團爲了留守家園，也沒辦法去支援其他地方的救援行動。

再加上自衛隊到處設置管制站，盤查救援車輛，給救援行動帶來不少不便。盤查過程中甚至會要求提供證件，但大部分的人都沒有攜帶證件，所以每個町內會都在忙著發放居民身分的證明文件。

如果當初沒有傳出謠言的話，又會是什麼樣的情況？沒有人知道。但是每當發生重大災難之後，總是會湧出各式各樣的謠言。

即使是在東日本大震災過後，也有許多謠言、不明確的消息和錯誤資訊四處流竄。「在〇〇，有人處於孤立無援的狀態」、「△△的救援物資短缺」——這種類型的資訊或許在當下是正確無誤的，但仍有不少情況是在成功救出受災戶、救援物資確實抵達以後，消息還持續擴散。

那麼，這會造成什麼影響呢？有些人可能會基於這些錯誤資訊，不斷打電話請求提供救援協助，而在忙著應對這些電話時，眞正需要協助的救援請求就會被延誤。當大量的救援物資抵達，救援團隊還必須忙著找適合的地點分類、保管物資，而導致其他支援行動延誤。另一方面，物資也難以送到其他有需求的地方。

除此之外，在收容所生活的災民時常會收到災區外傳來的那些駭人聽聞的連鎖簡訊。最典型的例子，就是聲稱「性犯罪和掠奪事件頻繁」，但收容所無法使用網路，沒有管道可以去確認這些消息的眞僞，聽聞謠言的災民只能惶恐不安地生活著。

透過簡訊或網路將消息散播出去的人大多是出於善意，想要幫助災民，才會做出這樣的行動。然而，抱持著相同想法的多數人同時採取行動的話，反而會造成反效果。

發生重大災難之後，人們較容易輕信不明確的資訊或不實消息，進而大幅擴散。抱持著**「消息不一定正確，但預防萬一還是轉發出去」**的心態，將不明確的資訊、未經證實的消息散播出去的行爲，有可能會干擾當下迫切的救援行動，這是我們從過去的災難中習得的寶貴教訓。

2 深入我們的生活：謠言有各種變體

■從口耳相傳到網路謠言

到目前爲止，我都還沒有明確定義**何謂謠言**。應該不少讀者邊讀邊想：「那又不是謠言，只是不實謠言吧」、「那算是口耳相傳的資訊吧」、「那些是被假消息欺騙的個案」。

在過去，謠言可能被定義爲「人與人之間口頭傳播的資訊」。若是政府機構、地方自治團體等公家機關的官方公告或媒體報導，透過這種制度化的資訊流通渠道所散布出去的資訊則被稱爲「經由個人關係所傳播的資訊」，這就是謠言。

但在現代，只透過口頭傳播的謠言是非常罕見的。

即使是在朋友之間，也時常使用簡訊或電話互傳。再者，在網路上散播的謠言不見得都是建立在個人關係上的。在推特或BBS上看見的謠言，雖然不算大眾傳媒資訊，但跟直接從朋友口中聽見的謠言又有所不同。如今大眾傳媒也很積極地在獲取網路上的資訊，這種狀況下，要完全區分謠言與大眾傳媒資訊並不容易。

本書基本上會將謠言定義爲**人與人之間口頭傳播的資訊**，接著再帶大家一起了解這個定義變得模稜兩可的現狀。

■在傳播過程中成眞

接下來，我也會用**資訊的不明確性**這個觀點來定義謠言。謠言究竟是不是事實呢？

說起「受謠言操弄」，指的就是**被沒有明確根據來源的消息誤導**。而「加油添醋」這句成語，就表現出謠言在傳播過程中遭到「扭曲」的情況。當你想用「只是謠言而已」來否認一個謠言的時候，不如說「這個說法違背事實」。

不過，就如同前面所舉的例子一樣，**謠言經過散播以後，有可能會創造出「事實」**。所謂「無風不起浪」，「浪」在不知不覺中也造就了「風」的形成。又或者像是關東大地震時的謠言一樣，正是因爲口耳相傳的謠言被判斷爲「事實」，所以自衛隊才會成立。此外，像是我接下來在第2章所介紹的，其實有不少謠言在傳播的過程中，變得越來越準確。

另一方面，對於很多口頭傳播的謠言來說，眞實與否並不是什麼大問題。就像「裂嘴女傳說」一樣，對於會害怕的小朋友們來說，是不是事實相當重要。但對於大部分的成年人來說，這只不過是小朋友之間謠傳的一個鬼故事罷了。說到底，這也不是什麼需要對眞實性吹毛求疵的故事。

那假設是間「以美食聞名」的餐廳呢？實際去吃了以後，就算發現不合自己胃口，那也就算了，並不會有人去指責推薦這家餐廳的朋友「在騙人」，畢竟在這件事情上，眞僞並不是最重要的。

但如果眞的很好吃，你就會想：「果然要參考評論，不能只看美食指南。」比起那些刊載店家宣傳的美食指南，多數人會認爲個人評論的可信度更高。

當謠言在人際之間散播的時候，它會被認定成「事實」，又或者依據內容的不同，認定「事實與否」並不重要。不過，**如果事後證明它並非「事實」，人們會稱它爲「謠言」；而如果是「事實」，則會描述爲「口耳相傳」**。

「謠言」，還眞是個不幸的存在。

■造謠與傳播

其他還有許多和「謠言」同義的詞語，用來表示人與人之間口頭傳播的資訊。比方說，造謠、八卦、風評、都市傳說等。

其中，像謠言一樣常使用的，應該就是「造謠」了吧。

「造謠」，原本指的是基於政治目的，刻意詆毀對手所散播的消息。

但至少在消息剛開始散播的階段，我們根本無法判斷某些消息是否「眞的」是不實謠言，因爲我們並不清楚消息發送者的目的。此外，有些消息對於當事人來說只是不實謠言。換句話說，讓人覺得是某個人爲了陷害自己所散播的消息，往往有可能就是「事實」。

在東日本大震災之後，有一段時間經常使用「造謠」這個詞。因爲在地震過後立刻散播出各式各樣未經證實的消息，當中有很多消息都是違背事實的。針對這些消息，地方自治團體、政府單位、相關機構及大衆媒介會出面澄清說明。另一方面，人們也會去證實消息的眞僞，並試圖透過推特等網路管道，將澄清的資訊傳播出去。

那時候最常使用的方法，是在標籤寫上「假消息」。如果要迅速澄清違背事實的資訊，「一目瞭然」是很重要的。因此，我認爲當時使用「假消息」這種強烈否定的字眼，是合適且恰當的。

■流言、八卦、風評、都市傳說

接下來是「流言」和「八卦」。災害社會學家廣井脩表示：流言和謠言的區別本身就很困難，一般而言，流言還帶有很大的**社會反功能**。換句話說，流言會給社會帶來不良後果，但絕大部分謠言並沒有這樣的功能，可說是既無害也無益。

當然，前面所介紹的造成囤貨騷動的謠傳、震災時散播的消息等，或許很多人認爲將它們稱爲「流言」，會更合適吧。

八卦則是針對單一個人的謠言。熟人或朋友自然不在話下，如果是家喻戶曉的名人的話，不僅可做爲閒話家常的話題，更是脫口秀和週刊雜誌不可或缺的題材。或許很多人覺得「八卦很無聊」，但它永遠不會從世界上消失。

自二〇〇〇年以來，比起單獨使用表示名聲的「風評」一詞，「聲譽損害」更常見，但其實「聲譽損害」是一個新造詞彙。

圖1顯示出我透過數據資料庫查詢一九八五年到二〇一三年間《朝日新聞》在報導中使用「聲譽損害」一詞的次數。最引人注目的是，東日本大震災發生於二〇一一年，但在一九九〇年代之前，幾乎沒有報導會使用這個詞。

根據東京大學特任副教授關谷直也的說法，大家開始普遍使用「聲譽損害」這個詞，是因爲發生在一九九七年一月的納霍德卡號漏油事故。❶雖然有人會理解成「謠言造成的損害」，但畢竟「名聲」不是只靠謠言打造出來的，想必聲譽損害

圖 1 《朝日新聞》出現「聲譽損害」一詞的報導數年度變化

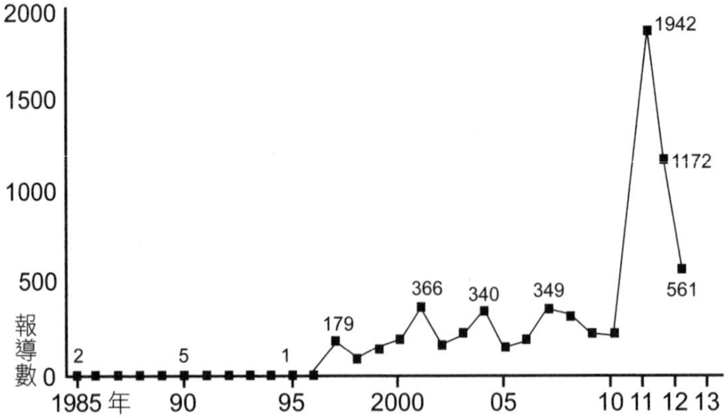

筆者製作

也和「謠言」以外的因素有極大關聯性。關於這一點，我會在第6章詳細介紹。

最後是「都市傳說」（urban legends）。這是由美國民俗學家布魯範德（Jan Harold Brunvand）率先積極使用的詞彙，「都市傳說」通常具有下列特質：故事性強烈、有結局、比謠言篇幅更長，甚至是「發生在朋友的朋友身上」的故事。

比方說，計程車上的乘客突然消失的靈異故事，也是流行於其他國家靈異，屬於現代的傳說。我會在集中在第3章與第4章，討論這些都市傳說。

這些詞語所呈現出來的現象中，本書將探究我們在日常生活中最常遭遇的「謠言」一詞，必要時，我也會各別使用合適的詞語。

---

❶ 一九九六年十二月二十九日，俄羅斯油輪「納霍德卡」號滿載一·九萬噸重油從中國上海港起錨開往俄羅斯遠東港口。一九九七年一月二日凌晨，該船在日本海失事。當天巡邏飛機發現從破損油輪中泄出一條寬約三公里、長約六十公里的黑色「油帶」漂浮海面，順著西北風和「對馬海潮」向日本沿岸漂去，造成日本最嚴重的一次海洋汙染事件，也使得福井縣等六府縣的漁產品受到嚴重損失。

3 謠言如何造成恐慌？

■寧信其有，也要規避損失

回到一開始提到的「衛生紙恐慌」現象。爲什麼這起騷動會蔓延到日本全國各地？

爲瞭解當時的社會情勢，我們再將時間往前推一點。發生騷動前兩年的一九七一年八月，美國總統尼克森（Richard Nixon）宣布幾項美元防禦措施，像是暫時停止美元兌換黃金，並徵收一〇%的進口附加稅。這場「尼克森震撼」（Nixon Shock）徹底破壞固定匯率制，各國也逐漸轉變成浮動匯率制。日圓也從一美元兌三六〇日圓，升值至一美元兌三〇八日圓後，於一九七三年二月轉變爲浮動匯率制。

日元升值的蕭條造成物價逐漸攀升，再加上當時首相田中角榮提出「日本列島改造論」❷的概念，地價由於日本全國各地的土地投機而急遽上漲。

引發衛生紙恐慌最直接的原因，是發生於一九七三年十月六日的第四次中東戰爭。十月十六日，加盟「石油輸出國組織」（OPEC）的六個波斯灣國家宣布石油價格將上漲七〇%。在隔天十七日，「阿拉伯石油輸出國組織」（OAPEC）宣布要逐步減少石油產量，也就是所謂的「第一次石油危機」。

結果，不只石油相關產品的價格上漲，其他消費品的價格也跟著上升，接著出現大量批評聲音，認爲這種行爲是在趁機漲價和私藏商品。十一月十六日，內閣會議確立了《石油應急措施綱要》，展開各種節約消費的自律

❷田中角榮主張將日本列島用高速交通網路（高速公路、新幹線）串連起來以促進日本各地的工業化，並解決城鄉發展不均、人口過度稠密等問題。

行動，包括減少使用汽車、點霓虹燈、播放深夜電視節目，加油站週日不營業等。

發行於一九七三年三月，日本著名科幻小說作家小松左京的《日本沉沒》成爲暢銷書，並被翻拍成電影。而五島勉的《諾斯特拉達姆士的大預言》也在十一月發行，這些作品都能幫助我們充分瞭解當時的社會氛圍。前者是一部建構在「板塊構造學說」上的科幻小說，內容描述日本列島淹沒在海中的故事；後者是五島解讀十六世紀法國占星家諾斯特拉達姆士所留下的「預言書」，尤其是人類將在一九九九年七月滅亡的預言引發了話題。

戰後持續的高度成長也迎來尾聲，人們開始覺得未來並不明朗，社會動盪開始蔓延的時間正是一九七三年。

當然，我們並不能斷定這種社會背景是造成囤貨騷動的一連串謠言的主要原因，但人們廣泛共有的這份不安，卻是其中關鍵。

一九七三年十二月，全國各地囤貨騷動開始平息，然而在愛知縣寶飯郡小坂井町（現今的豐川市小坂井町）引發軒然大波的是「豐川信用金庫即將倒閉」的謠言。

其他還有幾個案例也同樣因爲「金融機關即將倒閉」的謠言擴散，進而演變成擠兌事件。在日本，一九二七年引發昭和金融危機的銀行造成連鎖擠兌危機。而當時騷動的起因是財務大臣失言稱：「渡邊銀行破產了。」

財務大臣說這句話的當下，銀行其實還沒有到破產的程度，但經過傳媒報導後，民衆蜂擁至渡邊銀行要領回自己的存款，銀行只好宣布臨時暫停營業。當然，擠兌的原因在此並不是謠言，而是財務大臣的失言。有了財務大臣的發言做爲依據，衆多存款人想要領回自己的存款也不足爲奇。

當時，正處於第一次世界大戰後的經濟衰退、用來處理一九二三年關東大地震的震災票據變成龐大呆帳，種種現象讓金融動盪不斷蔓延。因此，開始出現一些謠言，直接點名其他幾間金融機構：「如果渡邊銀行都倒閉，那○○銀行也不太妙吧。」這些金融機構的存款人紛紛湧入急著要提款，好幾個金融機構無法應對龐大人潮，只好被迫暫停營業。

金融機構本來就會拿存款去做各種運用，不會時時刻刻準備好大量現金。一旦引發擠兌，現金無法供應所有提款需求也是理所當然的。但如果因無法負荷需求而暫停營業的話，暫停營業的「事實」又會衍生出新的謠言，像是「就是因爲快破產了才暫停營業的」，甚至說是「早就破產了」，進而演變成「自我實現預言」。

■ 流傳的公式與路徑

在研究謠言的經典書籍《謠言心理學》（*The Psychology of Rumor*）中，美國心理學家奧爾波特（Gordon Willard Allport）與波特曼（Leo Postman）提出謠言的公式：

謠言的強度或散布量R（Rumor），和對當事者造成問題的「重要性」i（importance），及該話題證據的「模糊性」a（ambiguity）成正比。這個公式的關鍵在於，計算重要性和模糊性時，使用的不是加法，而是乘法。只要重要性或模糊性其中一者爲零，謠言就無法成立。

根據這則公式，我們可以瞭解在災難或戰爭這些緊急情況下，謠言會廣泛散播，數量也增多。那是因爲很多人在面對重要的生命和未來時，掌握的資訊是模糊的。囤貨騷動的一系列謠言之所以會擴散到日本全國各地，就是因爲對於當時大多數日本居民來說，物資不足是個很重要，卻也很模糊的議題。

一般來說，謠言來無影去無蹤，其實很難去捕捉謠言在人與人之間傳播的路徑。但以下引發豐川信用金庫擠兌事件的謠言卻是個例外，這個謠言是連傳遞路徑都被徹底掌握的罕見案例。

謠言在一九七三年十二月八日開始向外散播。十二月十三日，小坂井分行發生擠兌。十二月十四日，擠兌現象擴大到總部及其他分行。針對這個謠言，包含身爲當事者的合作金庫，就連日本銀行和警察也努力協助澄清。同時，他們也開始調查謠言的來源。

電視新聞和報紙也以「假消息騷動」報導這件事，雖然一週後的十二月十七日有平息跡象，但十三日到十七日這段期間，仍有六千六百個帳戶提取了一共約二十億日圓的存款。警方認爲可能是有人惡意散布這種不實謠言，於是在十三日鎖定提取大量現金的八十人，並在針對其中七十五人進行詳細調查後，釐清謠言的散播路徑。最後因爲判斷散播者並沒有惡意或犯罪意圖，調查宣告終結。

讓我們透過社會學家伊藤陽一等人的研究，以及社會心理學家木下富雄、藤竹曉的著作，一起追蹤這則謠言的散播路徑。

一九七三年十二月八日，國鐵（現今的ＪＲ）的某個車廂內，有三名放學後的高中女生在閒聊，我們分別設定她們的代號爲（1）、（2）、（3）好了。其中一人收到豐川信用金庫的工作錄取通知，然後她的朋友開玩笑說：「在信用金庫工作很不穩定吧。」這本來只是朋友間的玩笑話，但（2）在回到家以後，把這件事轉述給她的阿姨（4）。

雖然不曉得「豐川信用金庫」這個專有名詞出現在對話的哪一段，但當天晚上，（4）請住在豐川信用金庫總部附近的大嫂（5）幫忙打聽一下，這時候謠言的主體已經變成「豐川信用金庫」了。

後來，（5）聯繫了在豐川信用金庫工作的熟人，得知這件事是無中生有的謠言。雖然她有轉述給（4），但（5）在常去的美髮店（6）提起這則謠言。在那之後，謠言便在親戚和幼稚園的媽媽們之間傳開，但大家並沒有當一回事。據說當下剛好有豐川信用金庫的相關人士在場，否認這個謠言。

事態是在十二月十三日開始擴大的。有一對夫妻經營洗衣店，妻子在顧店的時候，有個人來店裡借電話，妻子聽見對方說要從豐川信用金庫提領一百二十萬日圓。雖然這個人是因為做生意需要才把錢領出來的，但這位女士不禁聯想：「原來那個謠言是眞的！」她把外出的丈夫叫了回來，並從小坂井分行把自家存款統統領出來。不只如此，這對夫妻還分頭打電話給親朋好友跟客戶，或是當面告訴他們：「信用金庫要倒了。」其中，有業餘無線電愛好者透過無線電傳播消息給更多同好（在圖2中，洗衣店夫妻爲〔8〕與〔10〕。圖中的謠言傳播順序以數字號碼表示）。

隔天，十四日。不只是小坂井分行而已，擠兌現象也蔓延到其他分行，而謠言也越來越多樣化，開始出現一些解釋破產原因的謠言：「某個員工捲款五億日圓潛逃，經營出現危機」、「某某董事長已經自殺了」，或是指名其他金融機構，散布「〇〇銀行也有大批存戶湧入」的謠言。

另一方面，也傳出像是「『豐川信用金庫不安全』是假消息，散播假消息的人是△△」的「反謠言」。

圖 2 豐川信用金庫的謠言傳播路徑

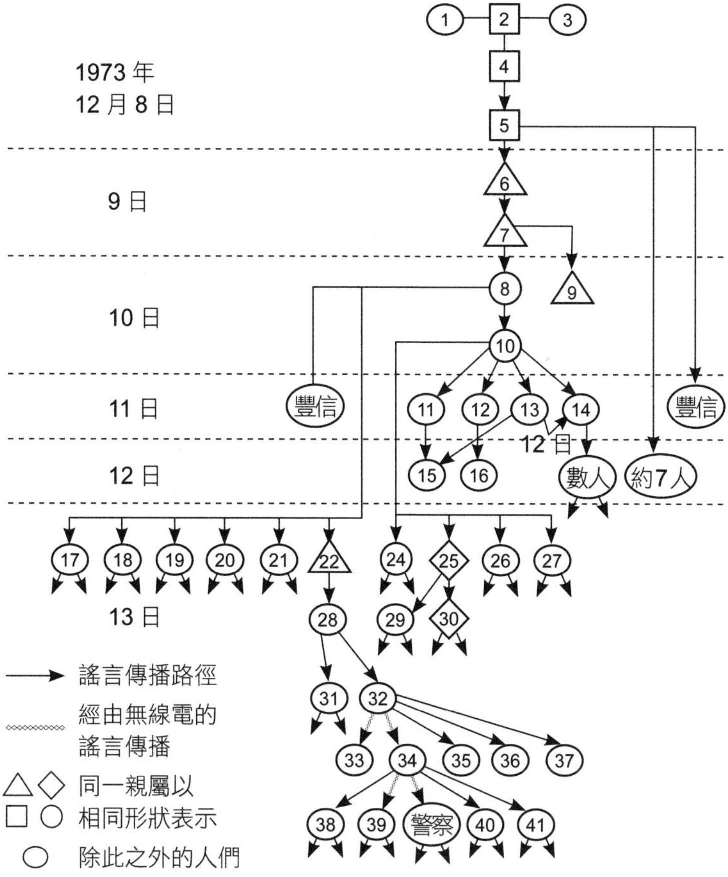

出處：〈謠言〉，池內一編，《講座社會心理學 3》，東京大學出版會，1977

■謠言必須有「依據」

那麼，這起事件讓我們學到什麼？

第一，**謠言會在既有的人際關係中蔓延開來**。但謠言並不是不分對象都能聊的，是會從親屬、客戶、幼稚園兒童的媽媽們、業餘無線電同好……這些熟人的圈子逐漸擴散出去。第二，**謠言在人與人之間並不是只有直線傳播**。如圖2中的（14）和（15）所示，也有可能是從另一個人口中聽到同樣的謠言。謠言是會在人際關係的網眼中擴散開來的。

此外，在聽過謠言的人當中，會有人去確認謠言是否屬實。比方說，像是（5）或（8），他們會直接去問豐川信用金庫的相關人士。有些人並不會聽見謠言就輕信散播，而是會自己去確認謠言的眞實性。

即便是導致謠言擴散的（8）和（10），他們也不是一開始就相信謠言的，是因爲看見有人提領了大量現金，發生了一個能做爲謠言依據的「事件」，他們才眞正相信謠言，領出自己的存款，並基於善意，將這個情報傳達給眾多親友和客戶。人們並不會只聽了謠言就全盤相信，必須要有一個值得信任的**依據**。

以下引述一九七三年十二月十五日《朝日新聞》的報導中，將現金提領出來的人的說法。

> 一位把將近五百萬日圓存款全數領出的店主說：「我覺得是假消息啦，但預防萬一還是先領出來吧。」此外，一名正在排隊的主婦表示：「看到這麼多人慌張地擠成一團，我就沒辦法安心回家。大家都說這間信用金庫不安全，我決定還是把錢領出來。」

他們兩人的行動，與其說是被不實謠言操弄，不如說是基於「預防萬一」的考量，他們並沒有輕易地就被謠言所迷惑。

■擔心引起恐慌？

針對二〇一一年福島第一核電廠事故的處理方式所引發的批判聲浪中，出現「恐慌迷思」的說法。

政府相關人員表示，他們之所以沒公開「緊急環境輻射劑量預估系統」的內容，是因爲「擔心引起民衆恐慌」。這個說法引發外界批評，認爲**「公布災難的相關資訊會引起民衆恐慌」是「先入爲主」的想法**。

恐慌，是指人們在生命受到威脅的危急情況下，採取混亂的行動所造成的社會動盪；而日常生活中的「恐慌」，指的是一個人在非常驚訝或焦慮時，陷入無法冷靜思考的狀態。不僅在地震或火山爆發等天災時，在火災或事故時，人們都可能會陷入恐慌並干擾人員疏散和救援活動，這也是一直以來令人擔憂的問題。

然而，根據災害期間人類行爲的研究顯示，恐慌只有在極少數情況下才會發生。舉例來說，東京大學社會系教授廣井脩的報告指出，一九八六年十一月伊豆大島三原山火山爆發後，雖然流傳各種謠言，但在將所有島民撤離至島外的期間，很多人只穿著身上的衣服遵從緊急疏散指示，並沒有發生所謂的「恐慌」，表現得十分冷靜。衛生紙囤貨騷動雖然也被視爲是一種恐慌行徑，但正如我們前面所提到的，並不是每個人都盲目地跑去囤貨。

相反地，一些報告指出，**有好幾起災難都是因擔心在災害期間引起恐慌，以較爲保守的形式對民衆示警，反而導致嚴重後果**。也就是說，就是因爲人們有所鬆懈，所以才會來不及逃跑。

■正常化偏誤：低估眼前危險

除了「恐慌迷思」之外，在災害發生時需要特別留意的還有「正常化偏誤」（normalcy bias）。

「正常化偏誤」指的是**人們將眼前的危險低估成正常範圍內的延續，因此耽誤了應對危險的時機，最終導致自己陷入危險**。

一九八一年十月，神奈川縣平塚市透過公共廣播電台，誤將東海地震警報通知播放至全市。隔天的報紙以「夜間居民疏散騷動」、「夜間警報恐慌」等標題報導，但事實上幾乎沒有引起恐慌。

根據廣井脩等人的調查結果顯示，聽見這則誤報的市民當中，有五八％的人「特別留意了電視或廣播」，有四二％的人「特別留意了本市的公共廣播電台」，以這兩者居多。「什麼都沒做」的人有二二％，「到安全的地方避難」的人甚至不到一％。廣井認爲人們之所以會如此「遲鈍」，是因爲「正常化偏誤」起了作用，以及大多數的人並不會全盤相信誤報，而是會試圖獲取其他資訊來驗證眞僞。

廣井表示：「會引起『無法控制的疏散行動』（恐慌）或『群衆的暴力行爲』（暴民）等能觸發社會混亂的謠言，其實比普遍認爲的要來得少。當我們在思考謠言的問題時，必須先將這個事實放在心上。」

根據報告指出，東日本大震災的時候，雖然有發布大海嘯警報，但大多數人仍然沒有進行疏散。「正常化偏誤」也是原因之一，再加上「放羊的孩子效果」。換句話說，人們碰過好幾次明明有收到警報，最後海嘯並沒有出現的經驗，因此產生「雖有收到海嘯警報，反正海嘯也不會出現」的僥倖想法，這也導致災情擴大。因此，日本基於這幾點正推行防災減災教育。

■出於「善意」的謠言

在這個章節中，我們以一些引發重大社會現象的謠言爲例，發現**人們其實不會那麼容易被謠言誤導而陷入恐慌**，就某種意義而言，人們可以冷靜且理性地面對謠言，經過自己的理解和詮釋後再採取行動。

一般來說，大家會覺得「謠言都是一些可疑傳聞，會因爲那種消息上當的人，純粹是自己太蠢」。此外，人們也常認爲「因爲人們會在災害時陷入恐慌，所以才會流傳一些奇怪消息」。甚至有很多人覺得「那些喜歡閒話家常、聊別人隱私的八卦愛好者，和自己無關」。

然而，事實並非如此。**謠言的散布者並不是只有部分容易被騙的人**，許多人會自己確認聽到的消息是否屬實，不可能將毫無根據的消息原封不動說給別人聽。相反地，正因爲自己也認爲是「事實」，所以才會告訴別人，結果證明內容違背事實，大家才將這樣的消息稱爲「謠言」。

此外，在很多情況下，我們並不確定消息是眞是假，**只是想幫助朋友或熟人**，於是**出於善意**以「口耳相傳」方式將謠言口頭傳播出去。

每個人都與謠言息息相關，每個人都受到謠言影響，並沒有人可以置身事外。如果想要瞭解謠言，我認爲，可以**從修正自己對於謠言的負面觀點開始**。

■ 火星人入侵地球

除此之外，還有一種自己就做得到的闢謠措施，那就是在面對自古以來備受關注的事情及資訊時，保有**批判性思考**。

一九三八年十月三十日美國哥倫比亞廣播公司播出一部名爲《世界大

戰》的廣播劇，據說，有成千上萬、甚至是數十萬民衆誤以爲是眞正的新聞而陷入一片恐慌。

這部廣播劇改編自H・G・威爾斯（Herbert George Wells）的科幻小說，是一部描述火星人入侵地球的作品，由當紅演員奥森・威爾斯（Orson Welles）以萬聖節前夕的「週日禮物」名義播出。此節目是從奥森・威爾斯及水星劇團（Mercury Theatre）聯手打造的虛構故事開始，但在音樂播放到一半的時候插入緊急新聞形式，且新聞中提及的地名都眞實存在於紐約近郊，因此不少信以爲眞的民衆開始倉皇逃竄。

然而後續研究發現，產生恐慌的人只占少數。也有人認爲因爲該電台是新的媒介，爲了貶損競爭對手的電台才故意描述得如此聳動。

在當時的歐洲，納粹德國與英、法間的對立正在加劇。在事件發生的七個月左右前，一九三八年四月一日，希特勒開始進駐奥地利，而當時的情況是由哥倫比亞廣播公司歐洲分部長默羅（Edward R.Murrow）在維也納現場進行國際接力轉播。隨後在九月，圍繞著蘇台德區主權問題，情勢一觸即發。

在逼近開戰時刻，如此緊張的政治局勢中，人們有了嶄新體驗，廣播的即時新聞現場轉播了遠在世界另一頭所發生的事。人們有「理所當然」的理由將廣播劇錯認為事實。

■ 我們該具備的資訊判讀心理

調查這起「火星人入侵地球」事件的心理學家坎特里爾（Hadley Cantril）認為，同為聽眾卻沒有陷入恐慌的人，分成兩種類型。

首先，有些人在節目中發現蛛絲馬跡，認定不可能是真的。回想起自己以前閱讀過《世界大戰》這部作品的人或是認出奧森・威爾斯的聲音的人，甚至有人是意識到廣播內容的非現實性。例如，火星人的飛船不可能在這麼短的時間內抵達地球。

這種檢查資訊本身的正確性和可信度的行為，坎特里爾稱之為「內部查驗」。

另一種類型指的是比對過其他資訊後，發現只是一齣廣播劇的人。有些人會切換到其他電台或是查看報紙的節目資訊，也有人會打電話向親朋好友、廣播公司或警察確認。在廣播節目之外尋求「依據」的行為則是「外部查驗」。

當然，也有一些人進行求證卻還是失敗了。比方說，有的人打電話到警局卻沒有人接聽，他們就會認爲「肯定是因爲警方都出動去現場了」。或是打電話的對象剛好也收聽了同樣的廣播節目而陷入恐慌，最後兩人只好互相安慰。有些人會切換頻道，聽見其他電台照常播出平時的節目時，會發覺「事有蹊蹺」。但也有人切換到正在播放教會音樂的電台，誤以爲大家是在一邊祈禱一邊等死。

在任何情況下，我們都不應該全盤接收獲得的資訊，更重要的是能不能依自己的方式進行批判性的查驗。就這方面來說，具備面對資訊的批判能力不僅僅是爲了闢謠而已。除了謠言之外，還有政府或地方自治團體等公家機關發布的官方公告、大衆媒體等制度化的資訊流通渠道所獲得的資訊、網路上獲取的資訊……在處理資訊時，批判能力也是很重要的。

法國社會學家卡普費雷將謠言稱爲「最古老的傳媒」，不過在面對「最古老的傳媒」時相當重要的批判能力，其實在面對任何資訊時也都是必需的。

第 2 章

謠言是什麼？
古典理論怎麼說

佛洛伊德曾說「夢是欲望的實現」；
而謠言在傳播過程中，也會被人類的欲望改寫。

1 資訊的衰敗與產生

■三大經典分析

到目前為止，我們已透過心理學、社會學、歷史學、政治學和文學等各種領域，探討謠言。

在第1章提到的「引發社會現象的謠言」，是從社會學或社會心理學角度所做的研究，而之後第3章所提及的都市傳說，則是口傳文學研究的範圍，以民俗學觀點進行收集與分類。除此之外，我們還會專注於產生謠言的深層心理結構上，探討佛洛伊德及榮格等學派的精神分析學研究。

民俗學研究或精神分析學研究，主要專注於收集及分析具體的文本；相較之下，社會學或社會心理學的研究所關注的，是謠言本身做為溝通媒介時所具備的**特徵**及**社會影響力**。本書將會遵循這些學術譜系，探討名為「謠言」的社會現象。

在這一章，我們將以研究謠言的三大經典著作為基礎，掌握謠言的特徵，分別是美國心理學家奧爾波特與波特曼的《謠言心理學》、美籍日裔社會學家澀谷保的《即興新聞》（*Improvised News*）、日本社會學家清水幾太郎的《流言蜚語》。《流言蜚語》出版於一九三七年，《謠言心理學》出版於一九四七年，《即興新聞》則出版於一九六六年，作者們寫作當下的社會情勢當然與現在截然不同。

奧爾波特等人的《謠言心理學》是在第二次世界大戰期間內所做的研究，目的是要減少謠言帶給軍隊內部和戰線後方的負面影響。澀谷保提及的謠言大多也出現在第二次世界大戰期間。清水幾太郎的《流言蜚語》，則是因戰前政府壓制言論自由，爆發「二二六事件」❶，謠言也因此成為管制目標之一，此書是他為了抗議政治環境和社會氛圍所寫下的作品。

這些作品針對的都是人與人之間口頭傳播的謠言，和現今與網路、大眾媒介關係密切而傳播開來的謠言相比，散布的方式也大不相同。

不過，我們先來審視這三部經典著作，掌握謠言的「原型」。

■簡化、強化、同化的流傳趨勢

提出謠言公式「R~i×a」的奧爾波特與波特曼，將謠言視為**資訊的衰敗過程**，並以記憶與證詞的相關實驗為基礎，總結出衰敗的機制。

這個實驗就像傳話遊戲。他們給其中一個人看了一張圖片，並要求這個「目擊者」用口頭方式將內容描述給沒看過圖片的人聽。聽完描述的人，再以相同方式，將自己聽到的內容描述給另一個沒看過圖片的人聽。如此這般，一個傳一個，最後大家會描述出什麼樣的圖片呢？

根據奧爾波特等人的論點，被目睹的資訊在人與人之間的傳播過程中，將沿著**簡化**（leveling）、**強化**（sharpening）、**同化**（assimilation）三種趨勢漸漸轉變。「簡化」，指的是**細節被省略、縮短、簡單化的過程**。相對地，**「強化」則襯托出其餘部分的重要性**。比方說，在圖3中，包含小嬰兒在內，總共有八個人。但隨著資訊漸漸被省略，最後的報告只會針對站在中間的兩個人。「同化」，指的是**傳播資訊的人們，將內容整合成貼近自己的興趣、偏見、情感等的行爲**。站在中間的兩個人之中，拿著剃刀的是右邊的白人男性（拿在左手）；但如果針對白人群體進行這個實驗，傳話的結果通常會是「拿著剃刀的人是左邊的黑人」，這是因爲白人群體的「期望」改變了剃刀的持有人。

❶指一九三六年二月二十六日發生於日本東京的一次失敗政變，日本陸軍部分「皇道派」青年軍官率領數名士兵對政府、軍方高級成員中的「統制派」意識形態對手與反對者進行刺殺，最終政變遭到撲滅，直接參與者多判死刑，間接相關者也非貶即謫，皇道派因此在軍中影響力削減，而同時增加日軍主流派領導人對日本政府的政治影響力。

圖 3　奧爾波特等人在實驗中所使用的圖片
出處：「The Psychology of Rumor」, Allport, Gordon W. and Leo Postman, 1947

資訊在人與人之間的傳播過程中逐漸失真。複雜的內容變得很簡單，強調留下來的片段，使內容變得極端。資訊漸漸傾向傳播者的偏見和興趣，這或許也是「人們爲什麼會聽信謠言？」的答案吧。不對，「人們爲什麼會聽信謠言？」這種提問方式其實不恰當。

相反地，是**散布的人將謠言轉化成自己認爲最可信的內容**。根據奧爾波特等人的觀點，謠言就是**散布者依照自我偏見和興趣所扭曲過後的資訊**。

■ 目擊者偏差

這項研究的背景是出自心理學觀點，意思是對於法院等場合上的目擊證詞的可信度有所存疑。

心理學實驗的結果顯示，**目擊者的證詞通常都不具備可靠度**。相對於屬於個人記憶的目擊證詞，奧爾波特等人將謠言定義為集體記憶，並試著摸索出謠言扭曲的特徵。在這裡，讓我們再稍微探討一下目擊證詞的明確性。

我們通常會認為自己親身經歷過的事，即所見所聞，都是不爭的「事實」。然而針對證詞的心理學研究，卻揭示了人類的感知與記憶的脆弱性。

首先，我們一起來聊聊關於**感知**。大家有沒有過這樣的經驗？和曾經出現在同個場合的人聊起當時的事情，卻發現兩人的對話兜不攏。這時，你會想：「奇怪？是他說的那樣嗎？」然後開始思考是不是自己看錯或記錯了。即使原本是自己相當確信的事，但在被許多人否定後可能也會失去信心。

或者，我們也可以用芥川龍之介的《竹林中》，或是由黑澤明導演翻拍的電影《羅生門》爲例。**所有人都沒有說謊，只是因爲每個人的立場不同，所以對於同一件事有了截然不同的體驗**。

奧爾波特等人介紹的實驗如下：

有兩名學生在大學課堂上起了口角，爭執越演越烈，最後在其中一個人拿出手槍時，教授介入處理。其實起衝突的這兩人都是臨時演員，他們只是依照劇本演出而已。教授要求在場學生將自己目睹的事發經過整理成報告，再拿學生的報告和劇本一對照，發現錯誤連篇，很多人並沒有寫出實際上發生過的事，反而寫了一些根本沒發生的事。雖然他們反覆進行這項實驗，但結果如出一轍，很少有人能夠像劇本的內容一樣，準確地將過程描述出來。

■被塗改的記憶

接下來是**記憶**。不重要的事情通常記不得，記憶會隨著時間推移越來越模糊——多數人應該都認同以上說法吧！比方說，即使你記得昨天晚餐吃了什麼，但問起三個月前的晚餐，絕大部分的人大概都想不起來了吧。不過，如果這天恰巧是你或親朋好友的生日、剛好出門旅行，或是活動或專案的慶功宴呢？在某些情況下，或許你可以伴隨著快樂的回憶一起想起來。

有個實驗是這樣的，給受試者觀看汽車撞車的影片後，推測出當下的車速。但相較於被問到「**汽車撞到的時候……**」的人，被問到「**汽車發生猛烈撞擊的時候**」的人所回答的車速有偏高傾向。而就算影片中沒有拍攝到，大多數人在被問及「**你有看見汽車玻璃破裂嗎？**」時，都會回答：「有。」也就是說，人們並不會將所見事物完整記憶下來，無論是在記憶或回想的時候，都會和腦袋裡既有的語言、文化、知識等做連結。

此外，和他人擁有相同經歷，記憶卻兜不攏的時候，大家通常會怎麼做呢？大家應該會在聊天過程中，確認當時所發生的事吧。「那個時候，A是不是說了＊＊」、「沒有吧，那是B說的，A那時候不在位子上啊」、「是嗎？啊，A那時候好像去接電話……」。這樣的過程會修正自己一開始的「記憶」

（A的發言），在確認「發言者爲B」是「事實」之後，重新改寫記憶。**記憶是一種集合體，同時，也能夠事後塗改**。

我不打算繼續深入探討感知和記憶的脆弱性。我想證實的是，一些我們通常認爲是「事實」的感知和記憶中，其實也有一部分是相當不明確的。只因爲「我親眼看到了」。就將某件事視爲絕對，是件很危險的事，當然，我們也不需太過擔心。正因爲事情擁有不明確性，我們需要和周圍的人討論、共享記憶，接著證實。在法庭審判之類的情況下，**物證**是不可或缺的。

如果不希望被感知和記憶的不明確性左右的話，最重要的是，必須「認知」到**自己的感知和記憶並非絕對正確的**，面對謠言時也是如此。

■ 麥克阿瑟是日本人！

再讓我們回到謠言。謠言確實在人與人之間的傳播過程中，以合理的形式逐漸轉變。然而，謠言只有被曲解的情況嗎？

社會學家澀谷保將謠言定義爲：**陷入模稜兩可狀況中的人們集結了自身知識，爲了對眼前情況做出有意義的解釋而進行的溝通**。

在戰爭期間或災後這種緊急狀況下，只依靠政府官方公告和大眾媒體等資訊流通渠道的新聞往往是不足的，人們會尋求一個解釋來填補資訊與事實之間的空白。當人們在「試圖定義模糊狀況」的討論過程中，會針對各種資訊進行評估、比較和探討，最後只保留最合理的內容。所以，**謠言和現有的價值觀或知識產生矛盾的情況很少見**。常見的是，謠言在人與人之間的傳播過程中，變得越來越準確。

過去曾經流傳過以下謠言：麥克阿瑟的祖先是日本人。

這則謠言在一九四六年的春夏之間蔓延開來。他的祖母是日本人，他是日本女性生的庶子，由美國繼母撫養長大；他的褓姆是日本人，他在京都出生；他的母親雖然是美國人，但是在日本出生。雖然細節都不盡相同，但不管哪一個都宣稱麥克阿瑟有日本血統。

當然，這個謠言是有違事實，現在看起來荒謬至極。但澀谷保表示，對於當時的日本人來說，這個故事巧妙地填補了資訊與事實之間的空白。

在戰爭期間，日本人被灌輸了「美國人殘暴又好色」的觀念。此外，麥克阿瑟因為在菲律賓臨陣脫逃而備受藐視。第二次世界大戰結束時，麥克阿瑟成為總指揮官並占領日本。起初，許多日本人都很害怕，認為占領日本的舉止肯定會演變成可怕的報復行動。

然而，日本被占領後美國士兵態度相當友善，推動各種民主化的政策。一九四六年春天還提供了大量糧食援助。被占領之前日本人料想的可怕報復行動和美方實際上執行的占領政策出現落差，為了彌補這段差距，「麥克阿瑟的祖先是日本人」這則謠言才會散播開來。日本人認為麥克阿瑟之所以對日本「盡心盡力」到這種程度，一定是因為本身和日本有什麼淵緣。而這樣的謠言，似乎最能合理解釋這之間的「矛盾」。

■口傳資訊的衰敗與建立

或者，我們以災區流傳的生活資訊謠言爲例。一九九五年阪神大地震和二〇一一年東日本大震災的時候，災區民衆最大的心聲都是「無法得到眞正需要的資訊」。例如，哪裡可以獲取水和食物？自來水或天然氣這些維生管線何時恢復？這一類的生活資訊如果沒有細分範圍至市、鎭、村，基本上是派不上用場的。但是，地方自治團體很難在災難發生後立刻提供，更不用說以廣泛社會大衆爲傳播對象的大衆媒體了。

在這種狀況下，資訊會藉由口頭傳播出去。人們會互相交流資訊，像是自己實際到現場確認、從別人口中聽見的事、各式各樣的消息。當中難免會出現錯誤資訊，但也有許多資訊是在從一個人傳到另一個人的過程中，經過檢查、證實、糾正錯誤後，變得更加準確。

再者，正確的被視爲「口傳」，違背事實的則是「謠言」、「假消息」。有時候人們記住的是違背事實的謠言，同樣地，即使別人告訴自己的資訊就算是真，也不一定會留在記憶中。

不管怎麼說，**謠言並非只是資訊的衰敗，也是人們建立資訊的一個過程**。

奧爾波特等人與澀谷保的研究的共同點是研究對象。他們具體分析的謠言，指的是當社會處於緊急狀況時，制度化的資訊流通渠道（政府官方公告或大眾媒體新聞）以外的口傳資訊。

同樣以謠言做為研究材料，前者探討的觀點是**資訊可以被扭曲到什麼程度**，而後者的觀點是**群體行為是如何進行的**。換句話說，兩者對於謠言的傳播過程有不同解讀，前者定義為**資訊的衰敗過程**，而後者視其為**資訊的產生過程**。

■謠言的依據：專業性與可靠性

聽到一則謠言時，人們不見得會照單全收。如果內容聽起來不合理，那大家也只是聽聽而已。因此，大部分的謠言都會伴隨著**依據**。

以最經典的「某月某日會發生大地震」謠言來說，通常會補上「大學教授說的」、「國外地震學家預測的」這類主張專業性的「依據」。「以前成功預言地震的靈媒做的預言」，就某方面來說也算具有專業性。甚至有民間傳說認爲地震雲或動物的異常行爲是地震前的徵兆，這也是一種「依據」。

即便不是專家學者，有時候權威人士也會成爲一種「依據」。「某個政治家讓他的家人去避難」、「天皇撤離到京都」等，關東或東海地區的地震謠言常以這樣的內容做爲「依據」。

而會以「從在電視台工作的熟人得知的消息」、「聽在中央機關服務的前輩說的」爲依據，是因爲資訊洩露的性質會襯托出其價值。也就是說，「爲了避免引發恐慌，所以消息沒有對外公開，但官員和媒介相關人士早已知情。我之所以可以取得內幕消息，是因爲我的親朋好友有特殊管道可獲取情報。」

即使明知道目前科學技術仍然無法準確預測地震的日期與時間，但聽見各種「有憑有據」的謠言時，還是會忍不住心想：「搞不好是眞的。」

總結來說，雖然權威人士、專業性、可靠性會成爲謠言的「依據」，但實際上不僅限於謠言，人們平時在評估、判斷資訊的時候，也很重視這些元素。我在第 1 章中提過，個人可行的闢謠方式是**批判能力**。不只是謠言，我們面對任何資訊時，批判能力都是不可或缺的。同理，並不是只有謠言才特別需要「依據」。

根據溼谷保的論點，謠言是人們建立資訊的一個過程。而在這個過程中，爲了讓更多人相信「搞不好是眞的」，傳播者會不斷添加使人信服的「依據」。我們以東日本大震災當時，在首都圈蔓延的謠言爲例：「煉油場發生火災，導致雨中含有各種有害物質。」以下是從地震當天到隔天，我所收到的訊息：

醫療協會透過傳眞發布的緊急消息！煉油場火災產生的有害物質會附著

在雲層上，再跟著雨水降下，所以要盡量避免身體接觸到雨水。請大家傳給更多人知道。

由於煉油場爆炸，有害物質會附著在雲層上，再隨著雨水降落。請大家出門隨身攜帶雨具，避免讓身體接觸到雨水。消息來自弟弟在工廠工作的人。請大家外出時特別留意，盡量不要讓皮膚暴露在外。

應該有很多人收到類似簡訊，或在網路上看到類似貼文吧。但或許有更多人是看了電視新聞、報紙才知道這則「地震後擴散的假消息」。

知名時事評論家荻上知紀在著作《驗證東日本大震災的謠言與假消息》中，依照時間先後順序，分享推特上有關這則謠言的貼文，並分析了謠言內容的變化過程。

根據他的分析結果顯示，下午兩點四十六分發生地震過了一個多小時後，在下午四點十分出現最早的一則貼文：「煉油廠發生火災也太恐怖了吧……感覺會產生很多有害物質。」這也可能是因爲在地震發生過後，比起災情慘重的東北地區，首都圈的人更容易取得資訊，尤其是首都圈電視節目反覆播放煉油廠火災畫面。之後，便開始出現把下雨和火災做連結的貼文。在傍晚六點時，則出現一則貼文：「據傳在千葉縣市原市煉油廠火災的影響下，水溶液四散。請大家絕對不要接觸雨水，並配戴口罩防範。」

在這個階段，貼文還只是「據傳～」的傳聞口吻。但在晚上七點左右的貼文中，已經變成強烈斷定的語氣，做爲一則「資訊」開始擴散出去。在之後爆炸性蔓延的過程中，大家開始添加各式各樣的東西當成「依據」。除了前面列舉的「醫療協會透過傳眞發布」、「消息來自在工廠工作的人」以外，還有「消防單位通知」、「厚生勞動省通知」等，添加許多增強消息可信度的元素。

■引發適度不安，並提供解方

除此之外，這則謠言還具備其他令人想傳播出去的元素。

這則謠言有「兩大重點」，一是在爆炸中飛散的有害物質會隨著雨水一起降下；另一是建議攜帶雨具預防雨水接觸到皮膚。尤其是後者的「建議攜帶雨具」給出具體應對措施，對於謠言的擴散做出很大貢獻。

根據「喚起恐懼心理的訊息的說服力」之研究結果指出，**恐懼感過於強烈的訊息，會引來被說服者對於說服者和訊息的反彈**，進而減弱了效果，反而，引起**適度不安**的訊息有助提高說服力。此外，如果同時提供**迴避焦慮的可行措施**，效果會更加顯著。

如果訊息內容只有「雨中含有有害物質」，根本無法去防範，人們也很難理解這件事的危險性，只會徒增不安。但如果補上一句「只要避免雨水接觸皮膚就沒事了，撐傘或穿雨衣都可以。」就非常容易理解了，平時下雨的時候大家也會撐傘，採取的措施並不是多沉重的負擔。如果大家都知道這個訊息的話就可以避免危險，是項有益的資訊，「那就轉發給親朋好友吧！」

就這樣，這則謠言在網路上擴散，然後以連鎖簡訊的方式傳播出去。

2 媒體報導、社會輿論中的謠言

■如何區分報導與謠言？

對於制度化的資訊流通渠道以外，經由口頭散布資訊的謠言，奧爾波特等人和澀谷保都提出了見解，而社會學家清水幾太郎則針對他們的觀點，更積極地把謠言拿來和報導、輿論比較，並深入探討。首先，我們先來看看謠言與報導間的關係。

清水幾太郎認爲人類的生存就是適應環境，而報導提供適應環境所需的正確知識。更重要的是，報導的內容會一直鎖定在人們日常生活中不容易接觸到的事實，或即使有接觸也無法完全掌握的事實。的確，報紙或電視新聞所報導的政治局勢、經濟情勢、犯罪事件、意外事故，無論哪一個都不是發生在我們生活周遭的事。謠言也是如此，無法讓人在自身周遭立刻得到證實，是一個攸關難以觸及之事的資訊。

因此，人們普遍認爲可以用**事實與否**來區別報導和謠言，但畢竟**兩者都是人們難以觸及之事的相關資訊**，其實無法根據內容來斷定是不是事實。比方說，「總理大臣罹患重病」，對於大多數人來說，沒辦法光用這樣的內容來區分這個消息是報導，還是流言蜚語。

清水幾太郎表示，人們會以**形式**區分報導與謠言，他列舉三種「形式」。

- **署名**。報導的來源很明確，有人爲內容負責，但謠言沒有。
- 報導有**留下客觀的文字**，但謠言只是**口頭轉述**。
- 報導有**通過審查制度**，而謠言**不受審查拘束**。

清水幾太郎還提到，人們對於報導的信任是基於整個報社，還有審查報紙的審查員，並延伸至對政府的信任。如果報導是可信的，即便產生謠言也不會被廣泛流傳。清水幾太郎是在一九三七年撰寫《流言蜚語》的，正好是前一年「二二六事件」發生以來，政府加強言論管制的時候。他透過這種明確定位報導與謠言的方式，暗批當時政府沒有贏得人民信任。

■包裝成謠言的輿論

接著，清水幾太郎探討謠言，並拿來與輿論做比較。他強調的一點是，**公衆輿論是多數社會成員的共同意見，因爲受到言論管制，禁止出現在檯面上的輿論才會以謠言的形式流傳出來**。

在言論管制之下，人們不能明確表現出「我要求A」，所以藉由謠言的形式，以「發生過B」來表達。而且，因爲是在人與人之間傳播的內容，所以會變化成典型的謠言形式：「聽說有B這麼一件事」、「據說發生過B」。如此一來，說話的人在提出自我要求的同時，還可以迴避責任。

因爲言論管制不允許人民想說什麼就說什麼，所以人們才會藉由謠言形式來傳播自己的想法。**謠言，是一種表達意見的方式**。

清水幾太郎說道：「我們會說，如果參與政治的人或管制社會的人想要防範謠言產生的話，首先，他必須取得民衆的信任。不過，現在必須再多補一句，如果已經有謠言傳出，那就應該將它視爲一個潛在輿論。」

在報導、輿論等制度化的資訊流通渠道正常運作的地方，謠言不會特別活躍。反過來說，會因爲謠言釀成問題的社會，就是報導或輿論等制度化的資訊流通渠道沒有正常運作的社會。撰寫於一九三七年的《流言蜚語》，清水幾太郎在序中如此寫道：「**謠言本身也包含對於政治和社會的抗議**，而我也透過分析過程體驗了這種抗議方式。」

■ 政府該管制謠言嗎？

在戰爭期間或天災過後的緊急狀況下，總是謠言四起。專家學者正式開始研究謠言也是在第二次世界大戰期間，如前所述，奧爾波特等人的研究就是當時的成果。

根據社會學家佐藤健二的說法，日本的海軍技術研究所也會進行性向測驗和智力測驗，這些心理學家在日本戰敗前的一九四五年開始著手謠言研究。在此之前，軍方或憲兵收集的謠言數據被「書寫」下來，或者以非官方的形式提及，進而成爲研究戰後謠言的材料。

那麼，他們所收集的謠言都是什麼樣的內容呢？

佐藤健二指出，從近代日本的軍事角度判斷對話的主題適不適當，是當時定義謠言的主要條件。而針對客觀的「事實」，他們視爲謠言的反而不是錯誤、扭曲的資訊，而是**和某個體制中的「眞相」相抵觸的資訊**。

如此一來，謠言廣泛傳播的主要原因就不只是戰爭時期的「危機」了。正因處於戰爭時期，**當權者將對自己不利的消息取名爲「謠言」，進而收集、控管，這個行爲也促使了所謂的「謠言」增加**。

對體制不利的資訊就會被貼上標籤，稱它們是「謠言」，是「謠言」，是「假消息」。因此，**謠言與洩漏機密被並列爲懲戒對象**。

評論家松山巖針對一九三八年及一九四一年總結的兩份報告書進行探討，讓我們以此做爲參考，具體看一下在言論管制之下對謠言的控管行爲。

松山巖引用一九三八年東京刑事裁判所檢察官西谷徹的報告：〈關於支那事變的流言蜚語〉。松山巖表示，中日戰爭時期廣泛流傳批評軍方和政府的謠言，甚至拿出自一九〇八年執法以來幾乎沒有用過的陸軍刑法和海軍刑法進行管制。那麼具體來說，是針對何種內容進行管制？我在這裡引用松山巖從西谷徹分析的二百一十八件判例中舉出的三個案例。

判例一、呵呵，日支事變，事變又怎樣？看起來就跟小孩子吵架沒兩樣。出什麼征，說要出征、要慰問遺族，只有白癡才整天吵這種事。對方就是在挑釁啊……爲了這種事花大把錢還大吵大鬧，愚蠢至極，智障。

判例二、在戰場上，日本士兵三、四人一組，衝進支那人的家裡搶奪豬雞，或是強姦支那婦女。不然就是把五、六個俘虜並排在一起，再用刺刀刺死他們。日本士兵臨死前也不會喊什麼「天皇陛下萬歲」，只留遺言給自己的父母或妻小就死了，國內的人相信的事都是假的。

判例三、即使以武力限制支那，再這樣下去，日本也會先從內部開始瓦解。現在的中日戰爭不過是資本主義國家間的戰爭，跟我們一點關係也沒有。在北支事變中戰死就太蠢了，必須活著回來。政府、軍事單位這些資本家只用一錢五厘（黃金單位）來召集農工為他們賣命。滿洲事變發生時，有一支中隊在戰爭期間被遣送回國，因為士兵裡有共產主義者，無法指揮。

這些都是懷疑日中戰爭價值的謠言，但它們眞的該受到管制嗎？

■ 從放大解讀到危言聳聽

比方說，如同松山巖所說的，如果以媒體報導「炫耀百人斬」的少尉在戰場上殺害超過千人的「英勇事蹟」的情況來看，判例二的中間部分對於當時的人來說就是「事實」吧！其餘內容也一樣，與其在事實與虛假中做判斷，不如說，那些都只是個人意見和感想罷了。

然而，判例二、判例三的發言者分別被處以四個月和一年六個月的監禁刑。判例一是例外，因爲「沒有舉出具體事實」而獲判無罪，但也有許多發表類似言論的人遭判有罪。

接著西谷徹在這份報告書裡提出「何謂謠言」的疑問。他認爲「健全的社會理性」可以區分**受到社會信任的事實報導**和**不受信任的謠言**，並將後者視爲懲處對象。當然，不只是現在的我們沒有辦法共享標準，當年肯定也有很多人無法共享標準。就這樣，從一九三八年七月到十一月短短五個月內，就有六百五十九人因造謠被捕，其中有二百一十八件遭到起訴。

另一份報告書是一九四一年熊本地方裁判所法官林善助所撰寫的。在這個階段的報告書已經不會去質問何謂謠言了。情勢迫在眉睫，謠言已經以「危言聳聽」爲由，被斷定爲「必須抨擊並鎮壓」的事物。

仔細觀察，會發現這些判例其實只有違反陸海軍刑法，但西谷徹卻在報告中提到了各式各樣的法律：治安維持法、刑法的不敬罪、出版法、新聞條例、國家保安法等。他引用了各種法律來管制謠言。

至於懲處，西谷徹報告的判例中，監禁一年半已經是最重的刑罰。但在林善助的報告中，卻有兩人被判處六年監禁，謠言管制顯然變得更嚴厲。

接下來，松山巖將焦點集中在林善助的報告中受理件數和起訴件數的差距上。一九三七年一月至一九四一年十一月這段期間，「危言聳聽」的受理件數爲五千四百一十五件，其中被起訴的案件有一千七百七十件。有超過三千六百起的案件給予不起訴處分。爲什麼不起訴的案件會這麼多？

松山巖推測，這可能不是審判斟酌後的結果，而是因爲像玩笑話的口頭言論，也被視爲「危言聳聽」而將當事人拘捕。從熟人間的閒聊到日記的內容，全都成了拘捕對象。

大政翼贊會❷在一九四〇年成立了「鄰組」做爲基層組織。「鄰組」的原型就是關東大地震後增強的自警團、消防團、在鄉軍人會和青年團。太平洋戰爭爆發前夕，已經有民衆開始互相監視彼此。

■在謠言中看見人性

在戰爭期間收集謠言，動員心理學家進行研究，不僅是爲了限制反體制運動，同時也在試圖**透過謠言來捕捉人心**。

謠言是在人與人之間的傳播中所產生的資訊，或許並不一定是事實，但因爲被大多數人視爲解釋某個情況時最「合理」的內容，進而擴散出去。因此，當權者會試圖透過謠言這種「潛在輿論」來捕捉人們的意識、情感和意見。同樣受到關注的還有街頭的匿名塗鴉。

太平洋戰爭開始後，各種謠言流傳並受到管制。此外，當局勢惡化已經

❷日本在第二次大戰期間的一個政治團體，一九四〇年成立，一九四五年解散。其以推動政治權力集中的「新體制運動」為主要目標，將既有政黨解散成一個全國性的政治組織，以一黨專政模式統治日本。

是衆所周知的事情時，面對總是只提日軍優勢的大本營發表，散播像是「某地的某個部隊全軍覆沒」、「日本即將投降」這種轉述戰況的謠言也隨之增加。**這類謠言受到嚴厲管制，是因爲它是準確的，而非違背事實**。

管制對象並非只有和戰局相關的謠言。比方說，「軍隊裡，連馬都吃糖」、「巡查之妻提著沉重包袱，馬夫同情她，幫她把包袱堆到馬車上時，從裡面掉出了米」，諸如此類的謠言也被廣泛傳播。

從這種「所有人被迫過著艱難生活時，一部分人卻過得很好」的謠言中，可以感受到民衆類似於嫉妒的情感。在全國一心的體制下，這種會**使不信任感蔓延的謠言**也成爲管制對象。奧爾波特等人提到，美國在同一時期也有許多同類型的謠言大肆蔓延。比方說，「海軍把三台貨車的咖啡丟到紐約港裡」、「蔣介石夫人訪美的時候，隨行的祕書在珠寶店買了高價商品，並表示會讓承辦武器租借的單位支付這筆金額」等。

雖然現在聽起來都是相當荒謬，但在戰時的長期艱困生活中，**人們的意見和情感開始化爲謠言出現**：「其實軍隊都在浪費錢吧？」、「事實上，同盟國也沒有那麼可靠吧?」

奧爾波特等人將這種謠言命名爲**分裂型謠言**，除了反映出人們的仇恨和反感，對於戰場的兵士之士氣來說也最具殺傷力。這就是爲什麼美國戰時情報局有必要收集謠言並加以澄清，同時努力宣傳「正確」資訊。

■大家都這樣說

謠言是一種**不必承擔責任的溝通與交流**。**不是「我」說的，是「大家」說的**……這就是謠言。因此，並不是只有嚴厲的言論管制才會產生出這種**輿論型謠言**，有些難以用個人發言公開陳述的內容也會變成謠言。我們把話題轉到一九九〇年代上。

「一名女性遭外國人襲擊並性侵。」這則謠言是在一九九〇年代早期到後半期散播到日本各地的。據新聞報導能夠證實的部分，是在一九九〇年夏天開始到一九九一年在埼玉縣草加市附近傳開，之後蔓延到越谷市、春日部市、千葉縣野田市及周邊地區。一九九二年四月下旬開始散布到東京中央線沿線的立川市、小金井市、國分寺市等。另有新聞報導指出，謠言在五月下旬擴散到千葉縣的木更津市、四街道市等。

一九九三年，謠言傳到中部地區，在愛知縣春日市和小牧市等地方傳開。根據社會學家野口道彥的說法，同一個謠言在一九九七年傳到三重縣鈴鹿市，在一九九八年傳到三重縣上野市、靜岡縣濱松市與燒津市。

不管在哪一種版本當中，謠言的基本結構都是相同的。外國人通常是「東南亞人」、「伊朗人」和「中東人」，受害者都是在「帶著狗在河岸散步」、「慢跑途中」等日常生活中遭到襲擊。然而，該「河川」還不是在遙遠的某個地方，而是在謠言蔓延的區域裡確實存在的河川名。或者，案發地會在「○○國中後面」這種在當地屬於人煙稀少的地方。但是，**不管是哪一種版本，現實中都沒有發生過足以引起謠言的相似事件或事故**。警察局在市民的追問之下出面否認，但在謠言沸沸揚揚的當下並無任何效果。不過，在一段時間後，謠言就平息了。

雖然沒有多少人會公開發表種族歧視的言論，但身邊多了陌生的人種，語言既不通，文化上又有差異，模糊的不安讓人們開始覺得這樣的謠言是「合理的」。一篇新聞報導提到，當一名主婦聽到犯人是三名伊朗人的時候，她反問：「明明還沒抓到犯人，怎麼知道國籍的？」結果和她一起散步的朋友馬上改口說是「中東人」。這個故事就揭露出「覺得謠言合理的人」和「懷疑謠言的人」之間的差異。

我想問嘴巴上說著「我沒有種族歧視」，但又以「雖然可能是假消息，但以防萬一還是小心一點」為由散布謠言的人，到底是要小心什麼？提防的對象是外表和「日本人」不一樣的「外國人」嗎？這種觀點會讓人對居住在同一地區的外國人產生偏見和歧視。

我舉這個謠言為例並不是要譴責種族歧視，相反地，我認為這是一個契機，可以面對差點信以為真的「自己」，好好思考這個謠言。

謠言會反映出自己沒有意識到的不安和情緒。

3 古典理論的不足

■關於資訊的兩個問題

我在這章提到三部研究謠言的經典著作，分別爲奧爾波特與波特曼的《謠言心理學》、澀谷保的《即興新聞》和清水幾太郎的《流言蜚語》，也介紹了他們是如何透過社會學和心理學觀點，探討謠言這種社會現象。

在理解許多謠言時，這些見解至今仍然有效。但在掌握現代謠言時，會產生以下兩個問題。

第一點，**將謠言定位爲「與官方公告或大衆媒介相反的資訊」**。

第二點，**缺乏針對傳播謠言的媒介之相關探討**。

關於第一點，像是「知名連鎖店的漢堡是用貓肉做的」、「在井之頭公園搭船的情侶都會分手」這類都市傳說，我們應該如何看待？這種謠言基本上沒有多大的資訊價值，也不算是在表達個人意見。既不會引發擠兌或恐慌這種社會現象，也不會爆炸性的蔓延。此外，它就像一些八卦一樣，資訊的「內容」並不重要，更多時候，以謠言進行溝通交流才是主要目的。

也就是說，有些謠言並不適合定位成「與公家機關的官方公告或大眾媒介等制度化的資訊流通渠道持相反立場的消息」。我們應該經由「資訊」框架以外的研究途徑，來探討謠言。

當然，問題就在於我們要針對哪些範疇的謠言進行探討。奧爾波特與波特曼、澀谷保、清水幾太郎研究的，主要都是戰爭期間或災害過後，處於緊急狀態的社會中的謠言。因此，以他們的觀點來看都市傳說或八卦這種和平時代的謠言自然不夠完善。

■大衆社會理論與經驗學派

謠言和制度化的資訊流通渠道之所以會被視爲二元對立，二十世紀前半期的時代背景和學術趨勢其實有很大的作用。我們再稍微探討一下，大衆社會理論和經驗學派是一種以研究謠言爲前提的學術趨勢，他們的研究途徑會是如何？

隨著十九世紀末大衆媒介的發展和消費社會的滲透，人們被定位爲大衆媒介的資訊接收者，以及大量生產商品的消費者。從該角度捕捉社會特徵的議論，就是大衆社會理論。

一九三〇年代使用廣播、電影的納粹德國政治宣傳發揮了「效果」，還有第1章所介紹的廣播劇《世界大戰》也在美國東岸引發恐慌，都讓人們意識到「同時向多數人傳達相同資訊」的廣播（以及現代的電視）之力量有多強大。人們是單方面接收資訊或商品的被動接收者——這個掌握人心的結構理論因爲具有說服力而被廣泛接受。

在這些媒介觀點和大衆觀點中，「謠言」被定位成人們自願進行的雙向交流，所以處在對立面。其中，許多將謠言視爲輿論的觀點，認爲謠言是批評、抵抗體制的表現，而從中發掘謠言的正面價值。

爲迎合大衆社會理論，身爲資訊發送者的政府和企業，最關注的是透過大衆媒介發送資訊的「效果」。從廣播開始普及的一九二〇年代開始，以美國爲中心，實證測量政治宣傳效果的「效果研究」越來越活躍。溝通交流基本上被定型成單向的資訊傳輸過程，他們試著摸索出能夠將發送者意圖「準確地」傳達給接收者的條件。這種研究途徑被稱爲經驗學派。在第二次世界大戰期間的總動員體制下，與宣傳研究結合，成爲大衆傳播研究的主流。戰爭結束後，則往廣告與消費者行爲研究、競選活動與投票行爲發展。

雖然在一九八〇年代以後，這種「發送者—接收者」的關係圖遭受批評，但至今仍然是探討、分析資訊時有力的模式之一。

奧爾波特等人的研究正是被定位在這個譜系之中，他們認爲「謠言是一種資訊的衰敗過程，在人與人之間的傳播過程中逐漸扭曲」。以他們的觀點來看，溝通交流也會被視爲單向的資訊傳輸過程。如同大衆媒體將資訊傳播給公衆一樣，發送者接二連三地將資訊傳播給接收者的行爲，也是一種謠言。

■內容不重要，交流才是目的

如同先前所提到的，很多時候，謠言就像某種八卦一樣，做爲資訊的「內容」是什麼並不重要，進行溝通交流本身才是主要目的。我再補充一些說明。

在探討溝通交流的時候，爲方便起見，我們可以將溝通交流區分成「**工具性**」（instrumental）和「**自償性**」（consummatory）兩方面。在溝通交流中，前者的主要功能是**傳達資訊**，後者的主要目的是**聊天行爲**。

即便是日常生活中的閒聊，提供對方不知道的新聞屬於工具性的一面；像是戀人絮語般，不在乎內容、只追求對話的行爲則屬於自償性的一面。

將謠言視爲傳播資訊或表達意見的手段之觀點，即是把焦點放在謠言做爲溝通交流管道的工具性層面上，看重謠言所傳播的「內容」。相對地，在有些情況下，與對方溝通交流的行爲本身才是目的，而謠言只是碰巧被拿來當成話題罷了，就連談話的「內容」也是次要的。

根據社會心理學家竹中一平針對大學生進行的調查結果，大一新生和大二以上的學生因爲時期不同，會受到謠言傳播影響的因素也不一樣。具體來說，在調查中發現大一新生比大二以上的學生更常聽到謠言。而且，他們普遍會意識到**謠言具有炒熱氣氛的效果，因此再將謠言散布出去**。

竹中一平從這個結果進行推測，認爲剛入學的大一新生在和不熟悉的人聊天時，會將謠言做爲炒熱氣氛、促進交流的**工具**使用。大一新生之間流傳的謠言，目的不在傳達資訊，而是與對方溝通交流。

當然，本來溝通交流的工具性和自償性是不可分割的。比方說大地震過後，往往會有關於餘震的謠言流傳出來。至今已經有不少人指出，這其實不是要傳達「地震會再發生」的資訊，而是「想表達『地震有可能再次發生』的不安」或是「只是想找個人說說話」等，基於情感層面所採取的行爲。

都市傳說同樣是經由人際網絡的口頭傳播而擴散的，但以往謠言研究的對象都是臨時工具性溝通交流過程的謠言，兩者形成了對比現象，所以社會學家三隅讓二也針對這一點進行了研究。本書也想透過關注都市傳說，去理解非官方公告或大衆媒體對立面的謠言，而將**謠言視爲一種溝通交流管道本身的特徵**。

■不同的傳播媒介

先前我提到過，古典理論的第二個問題，就是**缺乏針對傳播謠言的媒介進行相關探討**。因爲大家都將焦點集中在謠言這個溝通交流管道所具有的工具性層面上，並且越來越重視謠言所傳遞的「內容」，這也與上述問題息息相關。

過去的謠言研究中，人們最感興趣往往都是謠言傳遞的「內容」，很少人去研究**傳播謠言的媒介**。

其實經驗學派的世界觀也在此產生影響。經驗學派的世界觀認爲，媒介本身只是一個將發送者的訊息傳達給接收者的通道，是中立的媒介。我們會思考媒介本身的影響，通常是因爲「內容」成爲正確資訊傳播的噪音，即形成干擾。否則，焦點基本上只會放在媒體傳播的內容上。

但舉例來說，口頭傳播的謠言，和大衆媒體或網路上流傳的謠言會是一樣的嗎？從朋友那裡聽說裂嘴女的傳說，和在書上讀到是一樣的嗎？傳播謠言的媒介、媒介的轉型，也影響謠言的存在形式。

謠言在人類擁有語言的那一刻起就存在了，確實如法國社會學家卡普費雷所說，謠言是「最古老的傳媒」。**雖然同樣是人與人之間傳播的溝通交流管道，媒介的意義也會因社會差異而改變**。

歷史學家酒井紀美在著作《中世紀謠言》中，分析了存在於日本中世紀社會的謠言，當時謠言的「分量」和現今社會截然不同。

例如，爲了解決發生在法隆寺的強盜案，當時的官員讓鄰近的十七個村莊的村民寫下「落書起請文」❸，並收集超過六百封，在調查內容時，定下了「實證十封以上，普聞六十封」的標準。「實證」指的是目擊證詞，目擊犯人藏匿贓物的樣子。另一方面，「匿名」寫下的內容如果是指特定人士是犯人的「傳聞」，則會被視爲「普聞」。「普聞」也被視爲證據，但分量只占「實證」的六分之一。

當然，導致謠言有這種「分量」差異的主因不只是媒介而已，包含媒介在內的社會結構本身，在中世紀和現代中有著極大差異。

然而，我們不應模稜兩可地只透過社會結構差異來尋求原因。同樣是「人與人之間傳播的資訊」也具有不同的含義。我們必須要仔細觀察媒介的轉型。

雖然過去的謠言研究，將謠言定位在官方公告和大眾媒體等制度化的資訊流通渠道的對立面，但現今各種媒介的普及大幅改變了資訊環境，謠言的散播也產生變化。我們不僅需要探討謠言的「內容」，也需要聚焦於媒介之變化。

---

❸日本古代文書之一，用於建立約定時，向神佛起誓絕不打破約定的文書。

第3章

故事的來歷

都市傳說、
學校怪談風潮

諺言跟病毒一樣，會自我變化來適應環境。
流傳全世界數十年的「假故事」，
究竟符合了哪些條件？

1 流竄數十年的「故事」

■變成「不倒翁」的女大生

一名女大學生跟著旅行團出國旅遊，本來應該和朋友一起開心享受旅程的，卻在某個城市逛街途中下落不明。她的朋友還看著她進了試衣間，轉眼間她消失不見。導遊急忙趕到日本大使館尋求警察調查協助，但始終沒有找到這名女學生。

幾年後，這個朋友在另一個國家的街角看見她。她的手腳都被截斷，以不倒翁的樣貌，成為怪誕秀中的展示品。

這個故事其實說的是，原本開心快樂的國外旅遊，其實也充滿危險。我在一九八七年剛上大學的時候，也從朋友那裡聽說過這個故事。

在一九七〇年代，少女雜誌《*anan*》和《*non no*》開啓了日本年輕女性到國外旅遊的風潮，再加上一九七八年成田機場啓用，是旅行社大量推出可輕鬆出國的旅行團時期。

當時也是「女大學生」逐漸增加的年代，根據日本文部科學省的《學校基本調查》，一九七〇年女性大學升學率有六．五％（短期大學一一．二％），在一九七五年有一二．七％（同二〇．二％），在一九八〇年有一二．三％（同二一．〇％），在一九八五年則有一三．七％（同二〇．八％，包含短期大學在內，超過三成）。

即便如此，當時並不是人人都可以隨便就出國旅遊。自一九六四年國外旅遊自由化以來，出國人數雖然開始增長，但一九八〇年只有三百九十一萬人，到了一九八五年也只有四百九十五萬人。

日本國外旅遊人數眞正開始上升，是在一九八〇年代後半的日圓升值期。在泡沫經濟期間的一九九〇年達到一千一百萬，一九九五年增加到一千五百三十萬，雖然之後出現波動，但在二〇一二年以一千八百四十九萬人創下歷史新高。但該數字代表的是出境總人數，除了以觀光爲目的的國外旅遊以外，也包含了商務出差。

圖4顯示一九六五年至二〇一〇年期間，年輕族群（十五至三十四歲）的出入境人數轉變。

直到一九七〇年爲止，各年齡層的出境人數比例都是男性多於女性。但在一九七五年，十五～十九歲與二十～二十四歲的年齡層中，女性比例是更高的。到了一九九〇年，二十五～二十九歲的年齡層中，也是女性出境人數多過男性。順帶一提，一九九〇年有個流行語叫作「成田離婚」，意思是習慣出國旅遊的女性，在蜜月旅行途中對不可靠的新婚丈夫完全失去好感，回國後立刻離婚。

這樣的話，就能理解爲什麼開頭提及的都市傳說，會在一九八〇年初期如此盛行了。因爲女大學生找到「國外旅遊」這個享受閒暇時間的方式並加

圖 4　年輕族群出境人數趨勢

年次	15～19歲			20～24歲		
	計	男	女	計	男	女
1965	14,522	7,855	6,667	37,044	23,156	13,888
1970	10,972	6,138	4,834	84,864	48,542	36,322
1975	38,817	18,509	20,308	272,116	130,802	141,314
1980	67,251	29,641	37,610	397,875	155,972	241,903
1985	114,976	49,711	65,265	579,642	202,889	376,753
1990	373,713	157,092	216,621	1,358,077	487,875	870,202
1995	535,111	218,210	316,901	1,932,505	619,097	1,313,408
2000	631,607	255,769	375,838	1,663,349	536,019	1,127,330
2005	528,604	217,692	310,912	1,282,447	436,383	846,064
2010	481,347	193,798	287,549	1,135,053	365,366	769,687

年次	25～29歲			30～34歲		
	計	男	女	計	男	女
1965	32,123	22,531	9,592	32,421	25,330	7,091
1970	93,561	69,193	24,368	90,729	78,119	12,610
1975	456,654	319,593	137,061	317,472	266,165	51,307
1980	604,430	373,269	231,161	581,217	469,217	112,000
1985	777,922	415,887	362,035	532,400	402,813	129,587
1990	1,704,240	837,367	866,873	1,125,057	771,865	353,192
1995	2,309,970	961,283	1,348,587	1,654,763	978,812	675,951
2000	2,516,441	996,247	1,520,194	1,981,659	1,057,678	923,981
2005	1,805,925	745,065	1,060,860	2,035,942	1,065,533	970,409
2010	1,560,391	612,682	947,709	1,626,627	818,288	808,339

資料來源：根據日本法務省《出入境管理統計年報》編寫

以實踐，而這則謠言，想要傳達的訊息就是給她們一個「警惕」。

■成為風潮的都市傳說

聽說過以下故事嗎？一個關於「洗屍體的兼職」的故事。某大學的醫學系為了保存解剖用的遺體，會將遺體浸泡在倒滿福馬林的游泳池中。為避免遺體浮出液面造成腐爛，必須用棍棒將遺體按在福馬林裡。而這份兼職工作，一個晚上的薪資高達五萬日圓（約新台幣一萬四千元）。

在小說家大江健三郎的小說《死者的招待》中，主角做的兼職工作就是負責處理解剖用的屍體，或許謠言就是從此衍生出來的也說不定。

相似的謠言，還有縫合屍體的高薪兼職工作。法醫西丸與一就曾在一九八〇年代早期撰寫的論文中提過，有人聽信了這則謠言，跑到大學的法醫學教室說自願做縫合屍體的工作，讓他備感困擾。

再者，西丸與一自己也在韓戰和越戰期間，聽說過美軍裡有類似的兼職工作。

大學附設醫院或國軍醫院這種普通人無法進入的地方，肯定在進行些一般社會中不可能做的事——難道激發出這種想像力了嗎？

這種故事，比起稱爲「謠言」，更適合稱爲「都市傳說」，通常是**實際發生在朋友的朋友身上的事，有結局，且做爲一個「故事」是完整的**。

美國民俗學家布魯範德（Jan Harold Brunvand）所命名的「都市傳說」（urban legends）一詞，在其著作《搭便車的人》（*The Vanishing Hitchhiker*）被翻譯成日文版的一九八〇年代末，許多日本人也開始使用並形成風潮。其實不是都市傳說突然變多，而是這類型的謠言受到更多關注。

那麼，爲什麼都市傳說會形成風潮呢？

2 從都市傳說到學校怪談

■席捲日本的「裂嘴女傳說」

一九八一年布魯範德出版的《搭便車的人》中，集結許多日本熟悉的「現代傳說」。

比方說，和書名同名的「搭便車的人」的故事。

傳說，有個人讓搭便車的女人上車後，對方卻在途中消失了。等他到達目的地向其他人打聽才知道，原來那個女人早在幾年前就已經去世。但搭便車在日本並不常見，所以就把故事裡消失的人，改成搭計程車的乘客。

速食店的工讀生偶然在廚房發現食材使用的是貓或蚯蚓的肉，並收到高額封口費；傳說紐約的下水道裡有鱷魚；有個老奶奶在幫貓洗完澡後，把貓放進微波爐烘乾。無論是上述哪個傳聞，都屬於發生在現實中也不奇怪的事，乍聽之下就像是發生在生活周遭。

布魯範德在一九七〇年代後半開始，使用「都市傳說」這個詞，積極地介紹一些以都市化的現代社會爲背景的故事。與此同時，日本出現一個爆炸性蔓延並席捲全國的故事，那就是「裂嘴女傳說」。

有個戴口罩的美麗女人站在路旁，她會開口問經過的人：「我漂亮嗎？」要是回答「漂亮」的話，她就會摘下口罩問：「這樣還漂亮嗎？」口罩底下是張裂到耳朵的嘴巴。接著她會嚷著：「我要讓你跟我一樣。」並襲擊路人。

這故事應該幾乎所有日本人都聽過，但有很多版本，比方說，就算回答「不漂亮」也是同樣下場，她會撕裂對方的嘴再殺死對方。而有些版本中，裂嘴女甚至會拿鐮刀或菜刀當成武器。

碰到她的時候，試圖逃跑是沒有用的，因爲裂嘴女「跑得比警用機車還快」或是「能在三秒內跑百米」，怎麼樣都逃不出她的手掌心。不過，因爲她很討厭髮蠟，只要大喊三次「髮蠟、髮蠟、髮蠟」就沒事了；或是給她最喜歡的麥芽糖，她就會溫和下來等……故事版本千百種。

一九七八年末發生在岐阜縣的這個謠言，到隔年一九七九年夏天時，已經在全國中小學生間散播開來，不少警察和學校都忙著應對。當時還是小學生的我也非常害怕，傍晚時分一個人走在路上的時候，總是擔心著：「要是裂嘴女從那根電線桿的陰影走出來怎麼辦？」然後一路跑回家。

■《哆啦A夢》大結局

而在幾年後的一九八六年，中小學生間流傳兩個知名動畫的結局。一個是《哆啦A夢》，另一個是《海螺小姐》。

大雄其實是個遭遇車禍變成植物人的男孩，哆啦A夢是出現在他夢裡的角色。因爲原型的男孩過世了（或是從植物人狀態中醒過來），所以哆啦A夢也要完結篇了。

海螺抽中夏威夷旅遊，一家人前往夏威夷。回程的飛機在途中墜毀，但卻找不到海螺一家人。他們肯定是一起回到海裡了吧。

《海螺小姐》的完結篇還有其他版本。

父親波平臥病在床，母親舟和海螺疲於照護。被冷落的鱒男開始搞婚外情，和海螺的關係降到冰點。鰹和裙帶菜涉及犯罪，鱈男出了車禍。

細節上可能會有些差異，但故事結局都是幸福的海螺一家人因爲臥病在床或涉及犯罪等現代的理由而家庭破碎。當時是高中生的我還覺得：「這故事寫得滿完整的。」就像裂嘴女的謠言一樣，我既不相信，但也不全然認爲是假的，頂多只覺得「還滿有趣的」。

還有一九八九年至一九九〇年期間廣泛流傳的人面犬傳說，描述一隻雖然身體是狗，卻有張中年男性的臉，而且還聽得懂人話。故事流傳當在驅趕一隻翻垃圾桶的狗時，牠就會轉過頭來說「別管我」、「關你什麼事」等。而且牠還會在高速公路上以極快速度奔跑，所有目睹牠的汽車都會遭遇車禍，因而造成話題。

在我的記憶中，人面犬的謠言並不是從朋友那聽到的，而是在某個電視節目上看到這則在中小學生間流傳的謠言，同時也介紹了一九七八年上映的電影《異形基地》裡疑似原型的登場角色。

在那之後，周刊雜誌《*FRIDAY*》也「發現」了「人面魚」，綜藝節目或周刊雜誌紛紛開始尋找各種「人面〇〇」，舉凡「人面樹」、「人面岩」等，任何看起來酷似人臉的生物或東西。而當時，也正好是「都市傳說」這個詞彙開始流行的時期。

當時已經是大學生的我只覺得這種題材的謠言太過荒謬，反而前輩提過的「洗屍體的兼職」，更像是「可能存在的故事」。

■設計好的都市傳說：人面犬

出現在街角的裂嘴女，知名動畫的結局，出現在電視、周刊雜誌、綜藝節目裡的人面犬，這些都是在一九七〇年代末到一九八〇年代末造成話題的謠言。

我在小學時期聽信了裂嘴女的謠言，感到非常害怕。但上了高中以後，聽見《哆啦A夢》的結局也只會覺得故事寫得很好而已。我之所以有「人面犬是個荒謬故事」的印象，原因之一可能是因爲我長大了。就算內容再有趣，對小學生來說感覺「眞的發生也不奇怪的故事」，對大學生來說就只是個荒唐故事。但有趣的是，其實人面犬熱潮是由大衆媒體主導、設計出來的。

根據民俗學家飯倉義之的說法，少女雜誌《*Popteen*》或寫眞雜誌《投稿寫眞》的讀者投稿專區裡，有一篇關於「有著人類臉孔的狗」的目擊故事。以撰稿人石丸元章爲中心，將這則故事命名爲「人面犬」，開始製作專題報導或書籍，在綜藝節目中播出以後掀起熱潮。

然而，就算雜誌或電視節目設計安排，也不見得會引發熱潮，人面犬還有都市傳說這個類型的謠言會蓬勃發展是有原因的。根據評論家大塚英志和飯倉義之的說法，一九九〇年前後掀起都市傳說熱潮的背景因素主要有兩點，一是傳媒鼓勵年輕世代投稿，二是廣告業界的刻意主導。

在一九六〇年代前半，廣播將茶餘飯後的媒介寶座讓給電視。經過反覆摸索後，廣播終於在一九六〇年代後半以個人媒介之姿起死回生。尤其在一九六〇年代末到一九八〇年代之間，聽衆以年輕族群爲主的深夜廣播節目大受歡迎。

在衆多深夜廣播節目當中，能與談話性節目或音樂電台並駕齊驅的節目，大多是以募集聽衆投稿明信片爲主，聽衆能以明信片的形式投稿，進而參與節目。另一方面，相同現象也發生在雜誌上，雜誌社積極接受年輕族群投稿靈異體驗、鬼故事、目擊名人等內容。

就這樣，深夜廣播節目和雜誌與閱聽眾建立起一種「虛擬共同體」的關係，有別過去受眾與大眾傳媒的單向關係。這是一個由編輯、廣播企劃人員、主持人一同鼓勵讀者和聽眾投稿，再針對收到的題材給予評價的平台。對於投稿的年輕族群來說，稿件獲得好評等於獲得虛擬共同體的認同。不只是「人面犬」，這些發生在周遭「也不奇怪」、「如果是眞的會很恐怖」的都市傳說，成爲讓社會大眾娛樂、創作、共享的題材。

我們再來看廣告業界如何塑造都市傳說。

一九八五年，一款叫「仙魔大戰巧克力」的零食引發了社會問題——孩童衝著貼紙去買巧克力，但因爲吃不完，最後直接把巧克力扔了。

「仙魔大戰巧克力」是一款樂天（LOTTE）在一九七〇年代末以孩童爲客群所推出的巧克力零食，商品附贈了貼紙。

在一九七〇年代早期，卡樂比（Calbee）推出的「假面騎士餅乾」和「職棒洋芋片」等，孩童間相當盛行收集零食裡附贈的卡片，但仙魔大戰巧克力熱潮又有點不同。

因爲仙魔大戰巧克力和假面騎士或職棒選手不一樣，是專門爲零食商品打造的角色，並沒有原著故事。

孩童並不是爲了確認已知的故事內容而收集貼紙，而是透過收集貼紙，自己去復原、重組背景故事——大塚英志以「故事消費」一詞來解釋孩童的這種消費行爲，並認爲這個過程充分發揮出孩童的創造力。而這種「故事消費」被定位在孩童間的口耳相傳中，吸引了廣告業界的興趣。

在那之後，女國高中生間流傳著「吃到有眉毛的小熊餅乾會帶來好運」的謠言，讓樂天的巧克力零食「樂天小熊餅乾」銷量上漲。鑑於這種情況，廣告業界將孩童或年輕族群間的口耳相傳，視爲「隱形網絡」並試圖加以運用。以上發生在一九八〇年代末到一九九〇年代初的泡沫經濟時期。

■都市傳說的可疑之處

翻譯布魯範德的《搭便車的人》並推廣到日本的民俗學家大月隆寬，是這麼說的。

「都市傳說」在某個時期被以年輕族群爲銷售對象的雜誌編輯部大量消費後，漸漸淡出。諸如「孩童間的隱形網絡」之類的奇談怪論被吹捧得煞有其事，甚至有傳言說是廣告商設計好的圈套。

自人面犬熱潮開始，「都市傳說」一詞迅速通俗化，其意義也擴散開來。圖書編輯企劃收集一些街頭巷尾流傳的都市傳說，再以駭人聽聞的標題或裝幀製作成書籍、雜誌，在衆多便利商店和書店上架，甚至翻拍成漫畫、戲劇或電影。而大衆媒體介紹的大多數「都市傳說」從以往透過口頭傳播的謠言，漸漸變成以「都市傳說」爲原型創作出來的故事。

民俗學家飯倉義之表示，自二〇〇〇年代開始，以前被稱爲「怪談」、「鬼故事」的謠言，在電視節目或電影中被改稱爲「都市傳說」，成爲大家熟悉的故事。

「都市」這個名詞蘊含著某種祕密（犯罪、快樂、性產業、地下社會等），其形象和都市傳說的内容（犯罪、離奇、業界内幕）相互呼應。

用這種方式回顧都市傳說熱潮，我發現自己雖然從姐姐那裡聽說裂嘴女的謠言而害怕不已，卻認爲繪聲繪影的人面犬故事相當荒謬，而形成這種轉變的原因不光是我的成長而已。或許是都市傳說的存在形式疑點重重，令人感到不自然吧。都市傳說被打造成「在人們之間散播的謠言」，再經由大衆媒體被消費。

一九八〇年代後半，透過口頭傳播的其中一部分謠言在採用了都市傳說這個名稱後，持續發生變化。

■學校裡的鬼故事

一九九〇年代前半，都市傳說熱潮也一路延燒到「校園怪談」。

自古以來就有以學校為舞台的怪談。「音樂教室裡的貝多芬畫像眼睛會動」、「東北側的樓梯會在午夜十二點多了一階」、「校園裡的銅像會在半夜奔跑」、「理科教室裡的人體標本會動」……會讓孩童感到毛骨悚然的事情。每間學校或多或少都有類似故事吧？

然而，儘管是類似故事，每間學校都有自己獨特的版本。從畢業生傳給在校生，從高年級生傳給低年級生，在人際關係間流傳下來。口耳相傳的不再是某間學校音樂教室的故事，而是我們學校的「那幅」貝多芬肖像的故事。

此外，怪談不只是會被傳述而已。大家會在放學後一起去查看三樓最角落的廁所，是不是眞的有幽靈呢？又會是什麼樣的幽靈呢？但畢竟還是太恐怖了，大家嚇得鳥獸散，之後還會很激動地討論：「感覺毛毛的」、「我好像聽到有聲音」。以學校為舞台的怪談也包含這些體驗在內。

轉機出現在一九九〇年代前半，民俗學家常光徹的《校園怪談》系列和日本民間傳說學校怪談編輯委員會編輯的《學校怪談》系列雙雙成爲暢銷百萬冊的書籍。

最知名的怪談想必是「廁所裡的花子」吧。每間學校都流傳廁所裡有幽靈的傳說，而這個幽靈被賦予了經典的名字：「花子」，以及經典的女孩形象：「妹妹頭和紅裙子」，出沒的場所也固定在女生廁所的第三間，她的存在已經做爲一個角色確立下來。

她不再是「我們學校三樓廁所裡的幽靈」這種固有存在，被角色形象化的「花子」可以出現在任何一間學校裡。她也不再只是出現在孩童的漫畫或電視節目裡，人們開始以「花子」這個角色爲主，創作出衍生「故事」。

成爲典型「故事」的《學校怪談》不只是在書籍領域發展，還一路拓展到電影、漫畫、電視節目、影片、遊戲等的跨媒介製作上。民俗學家近藤雅樹表示，有訪談節目根據孩童的「目擊證詞」編輯錄製成《學校怪談》，營造節目內容絕非虛構作品的氛圍，但其實根本不是翻拍自眞人眞事。相反地，正因為是以觀賞奇聞軼事的固定模式組成的節目，觀衆才能夠放心地收看。

過去以學校為舞台的怪談是孩童們自己傳述既有的故事，並在各自的學校裡體驗的過程。相對地，引發熱潮的「校園怪談」主要是以享受大衆媒體提供的「故事」為主。引發熱潮的「校園怪談」和過去以學校為舞台的怪談是不同的概念。

■當怪談登上大衆媒體

民俗學家常光徹認為，在學校為妖怪騷動煽風點火的人，是存在於每個年級的那種「愛說話，擅長暢談一些會讓朋友感到驚奇的話題，或是用怪異的言行舉止逗笑周圍的人並活絡小團體，如搗蛋鬼一般的小孩子」。

確實，並非每個人都是怪談的敘述者，而是由一個擅長敘述的人來講述，還需要一邊聽一邊做反應的人一同參與。聽衆邊聽會邊說「眞的假的！」、「好恐怖喔！」的參與行爲本身，和優秀敘述者的重要性是相同的。升上國、高中後的戶外教學等活動中，在外宿的夜裡講鬼故事幾乎已經是典型模式。將焦點集中在怪談的敘述者或講述怪談的情況，可以發現小團體間的怪談和現今大眾媒體上演的怪談間的關聯。

現代恐怖主義作家稻川淳二或演員櫻金造等人就以怪談的「敘述者」聞名。此外，即便不是怪談的「敘述者」，也有一些藝人會在談話性節目或深夜廣播中，聊起自己的神祕體驗或靈異體驗。其中，民俗學家渡邊節子更舉出幾個實際案例，有些人會將特定類型的故事說得好像是自己的親身經歷一樣。

比方說，根據渡邊節子收集的學生的報告，有些藝人將「來自大海的手」等知名都市傳說做爲自己的親身經歷講述出來。順帶一提，「來自大海的手」的故事如下：

有一群朋友一起去了海邊。在玩水的過程中，大家輪流跳進海裡，但其中一人沒有浮上來，最後死了。後來，把當時的照片洗出來時，發現並沒有那個朋友跳進海裡的照片。他們再請相片館的人把照片洗出來，對方卻說：「你們確定嗎？不要嚇到喔。」照片上出現的是，海裡伸出無數隻白色的手，像是在迎接跳下去的那個朋友一樣。

藝人講述的不只是怪談而已，還有看似比怪談更可能發生在現實生活中，帶有犯罪氣息的恐怖都市傳說，也被他們拿來當成親身經歷。我曾經出席一個以謠言爲主題的電視節目，同席的藝人中，就有一名女演員提到自己碰到「假警察」的親身經歷，內容如下：

有一天，我比平時晚了一點回到公寓。當時撞見一個男人慌慌張張地衝進電梯，雖然覺得有些稀奇，但沒有特別放在心上。隔天早上，因爲外面很吵鬧，所以我出門看了一下，才知道同棟公寓裡發生一起謀殺案。一想到前一晚自己也很晚回家，就覺得很可怕。

幾天後，一名警察來問我當天有沒有注意到什麼不尋常的事。雖然我有想到那個慌張衝進電梯的男子，但我不太想跟案件扯上關係，所以我就說「我不知道」。那名警察隔天也來問了一樣的事，我還是回答：「不知道。」

再隔一天，電視上播放著抓到謀殺案犯人的新聞。出現在電視上的犯人的臉，正是前兩天來走訪調查的警察。

如果，當時我把電梯的事情講出來的話……

當然，這也有可能是那個女演員親身經歷過的事，實際上發生過這種事也不足為奇。不過，廣泛流傳的都市傳說中已經有類似的故事了。

■敘述與場合的重要性

都市傳說是透過個人關係傳述朋友的朋友所碰到的事。就像怪談有典型模式一樣，都市傳說受到好評的因素在於**故事的完整性和樂趣**，而不在於故事的眞實性。不僅是故事的內容，敘述時的生動性和場合的氣氛也是很重要的。因此，如果只透過文字閱讀「假警察」的故事，就少了一點樂趣了。

以敘述技巧來說，在故事的最後會向聽衆抛出問題：「如果我把電梯的事告訴『警察』會怎麼樣？」、「欸？所以警察是犯人嗎？」、「不是啦，那個警察是犯人假扮的。」、「那麼，如果把『在電梯撞見的事』說出來的話……」聽衆各自表達了意見後，敘述者再緩緩地說出結局，「沒錯，搞不好我就被殺了」。

藝人會在電視、廣播或者是訪談中「上演」都市傳說。以「表演」的角度來看的話，畢竟他們具有專業技巧，不可能會很無聊。原本都市傳說隨著熱潮擴散後逐漸普及，但在藝人的敘述下，變成藝人自己的親身經歷，又重新取回了獨特性。

大衆媒體提供給我們的都市傳說是一個完整題材，或許經由藝人的敘述，變成了在敘述過程中重新創造並分享出來的故事。

3 同樣的主題，不同的細節

■故事的核心不會改變

到這裡，我們已經看完一九八〇年代後半到一九九〇年代的都市傳說熱潮。既然已經了解熱潮的「原因」和其影響，接下來就看看都市傳說本身的魅力吧。

我再重複一次，都市傳說和謠言一樣，基本上是在個人關係中從一個人傳播到另一個人。不過，**都市傳說的篇幅比謠言更長，大多數甚至有結局，是一個完整的「故事」**。而且，還是**在不久之前發生在周遭的事**，絕對不會是什麼很久很久以前發生在遙遠的某個地方的故事。「傳述發生在周遭的事」是很重要的。

比方說，敘述者說的故事是實際上發生在「朋友的朋友」身上的事，讓聽眾產生一種「既然發生在『朋友的朋友』身上，那發生在自己身上也不奇怪」的想法。此外，對於朋友的信任感增加了「發生在朋友的朋友身上之事」的可信度。即使故事的內容有些可疑，但畢竟是朋友說的，就這樣懷疑也不好意思，所以也不會想去確認眞假。雖然只要去求證就會知道所謂的「朋友的朋友」根本就不存在。

而內容的核心，也就是「主題」，會被保留下來，但細節會稍微有點變化。其實本章一開頭所介紹的「在試衣間裡下落不明的故事」，原本是在法國奧爾良流傳的故事，但故事的設定變化成對一九八〇年代左右的日本人來說「和自己密切相關」的內容。

法國社會學家莫蘭（Edgar Morin）針對奧爾良流傳的綁架女性謠言進行調查分析，根據他的著作《奧爾良謠言》，這則謠言的來龍去脈如下。在本章末思考闢謠措施時會再次提及，所以我會詳細介紹。

在法國中部的城市奧爾良，當女性進了市中心某間服飾店的試衣間後，就會消失不見，主要都是高中女生。而這則謠言是在一九六九年五月中旬開始流傳的。原本只在年輕女性間流傳的謠言擴散到母親和教師，很快地，城市裡每個人都被捲入謠言中。

在謠言散播的過程中，被綁架的女性人數增加至六十人，也有六間服飾店被點名是綁架案的犯案現場。每一間都是以年輕女性爲客群的流行服飾店，也都是很受歡迎的店家。除了一間店以外，其他都是猶太人經營的店面，謠言開始將犯人指向「猶太人」。謠傳女性會在試衣間被麻醉並帶到地下室，而這六間服飾店有地下通道互相連接。甚至有謠言傳說，之所以沒有報紙報導這起案件，警察或行政機關也沒有採取行動，是因爲報紙和公權力都被收買了。

到五月下旬，大多數人都將這則謠言視爲事實，這六間服飾店也被許多充滿敵意的人包圍。然而進入六月後，謠言中隱含的反猶太主義意圖引發了「反抗運動」。謠言迅速失去聲勢，大約十天過後，就沒有人再提起這則謠言了。

■加上「在地化」的細節

讓我們回到「都市傳說保留內容核心，但細節仍會變化」的概念上。正如我前面所提的，乘客突然消失的「搭便車的人」的故事，不分時代，在世界各地都很受歡迎。不只是美國和日本，甚至蔓延到中國、韓國和俄羅斯。

在沒有汽車的年代，說的就是發生在馬車上的事，甚至還有跟幽靈同行的情節。走在後面一步遠的幽靈不知不覺中就消失了。日本從前也有幽靈搭上人力車的故事，都市傳說會調整成符合該年代的交通工具，否則就沒有「說服力」了。

日本民俗學的創始人柳田國男認爲全國各地都流傳類似傳說的原因如下：

當地位崇高的人出現的時候，或是法力高強的僧人經過的時候，從前的人在提起這些根本不清楚對方是誰的事時總會說：「那一定是八幡太郎啊。」「那肯定是弘法大師啦。」許多人會隨意塡入一些熟悉人名。所以，只要不是遠在他鄉的事，這樣的說法會使人更相信傳說，而且也會更容易被記住。日本之所以有成千上萬的相似傳說被保存下來，主要就是因爲這種所謂的合理化，同時也是雙方不了解彼此所導致的結果。

也就是說，爲了讓人們更容易相信、更容易記住，當地傳說會套用大家熟悉的人物，因此全國各地都存在著類似的故事。然而，只要和其他地區沒有交流，傳說的相似性就不構成問題。

如果以相同方式思考，都市傳說則是將一些細節替換成**大家熟悉的事物**，以便這些傳聞或趣事變得「更可信」。

■「別讓孩子離開你的視線」

不僅是都市傳說，更簡短的口傳謠言也具有相同結構。

除了我在第 2 章介紹的「女性遭外國人襲擊」的謠言之外，一九九〇年代末傳遍各地的消息是「幼童會在超市或購物中心的廁所遭到襲擊」。發生事件的地點有可能是公園或五金行，也有可能是遊樂園之類的娛樂設施。雖然也有幼童被誘拐的謠言，但基本結構都是一樣的。

當家長一不留神，孩子就身陷危險，地點就在「〇〇」。這裡的，〇〇會具體指出一個位在傳播者周遭，發生什麼事都不奇怪的地方。

光是查詢新聞報導就會發現謠言蔓延至全國各地，一九九七年在兵庫縣尼崎市，一九九八年在大阪府八尾市，一九九九年在和歌山市，二〇〇一年在長崎縣北部，二〇〇三年在廣島市、宮崎市、大阪府泉佐野市、石川縣金澤市、鹿兒島縣川內市（現今的薩摩川內市），二〇〇四年在福島市，二〇〇六年在秋田市，二〇〇七年在神奈川縣、愛知縣、福岡縣等。事件之所以沒有被報導出來也被冠上「相當合理」的理由，說是因爲家長考量到小孩子的將來而選擇不報警。

有些人可能會認爲「孩童確實遭到襲擊，不是假消息」。當然，過去的確有幼童被捲入不幸事件中，但謠言中指名的這些商家和公園實際上並沒有發生任何事件。

對於那些認爲「整起事件消息被掩蓋」的人，我要提醒一件事，奧爾良在流傳女性遭綁架的謠言時，也衍生出「案件不成立是因爲警察都被收買了」的謠言。「事件消息被掩蓋」是另一個常見細節，用來增加可信度。

順帶一提，美國民俗學家布魯範德表示，幼童遭遇危險的謠言早就屬於一九七〇年代後半美國各地誕生的都市傳說之一。

無論如何，要強烈否認這種毫無根據的「假消息」時，應該清楚標明這是「不實資訊」。

不過，當時嚴正否認這則謠言後，得到的其中一則回覆如下：

我明白這件事不是眞實的。但實際上的確有孩童被捲入事件中，所以傳達「不要讓小孩離開你的視線」的訊息是非常重要的，因此也不需要刻意闢謠吧？

■風向使人害怕

我想基於兩點，來反駁前述這個說法。第一點應該每個人都馬上想到了，那就是被指名的店家和娛樂設施會有所損失。

會有很多人去詢問這些被指名的店家，甚至有些人會避開這些店家。如果謠言的散布導致營收減少的話，也可說是一種聲譽損害吧。

另一點，謠言在含糊間傳播了「治安惡化」的形象。

根據日本內閣府在二〇〇六年，六~七月間進行的調查結果顯示，針對「你是否會擔憂身邊的孩童可能會被捲入犯罪事件中？」的問題，回答「經常」或「有時」的人占全體調查對象（二十歲以上）的七四・一%，身邊有

圖 5 治安意識變化圖

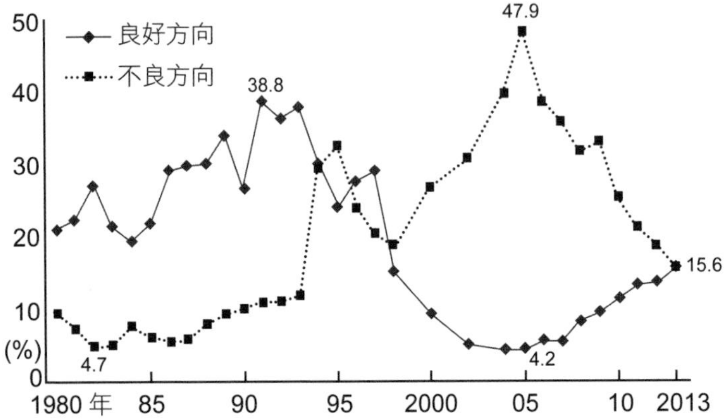

資料來源：日本內閣府《社會意識相關民意調查》，筆者改編寫

孩童的三十世代占八三・四%，四十世代占八六・一%。

意識到治安正在惡化的情況在二〇〇〇年代中期達到巔峰。根據日本內閣府的《社會意識相關民意調查》，關於社會治安，一九八〇年代至一九九〇年代前期，多數人回答「往良好方向發展」；但到了一九九〇年中期，和回答「變差了」的人數不相上下。在那之後，二〇〇〇年代中期，回答「變差了」的人數逐漸增加，在二〇〇五年時，有四七・九%——將近一半的人在「往不良方向發展的領域」中選擇了「治安」（見圖5）。

然而，統計數據中並沒有顯示出「兒童安全」受到威脅。如果將範圍鎖定在涉及兒童的情況下，只看一九八四年到二〇一三年的這三十年間，不滿十歲的兒童遭他殺的比例和整體的死亡率有下降趨勢。自一九九五年以來，未成年誘拐綁架相關案件的認定件數，也保持在每年低於一百五十件以下，實在很難說是逐漸增加。換句話說，「治安惡化」是一九九〇年代後期以來，社會大眾間共享的形象，而不是基於實際情況的結果。

當然，社會大眾會共享這樣的形象，謠言肯定不是唯一原因。相反地，正因爲社會大眾共享「治安惡化」的形象，才會導致這種謠言散播。如果是這樣的話，我們需要的不是模稜兩可的形象，而是去了解兒童實際上在哪些地點被捲入犯罪案件，掌握正確的情況，才是基於實際情況採取的措施。聽信虛假謠言而畏懼不存在的危險，不是明智之舉。

■先掌握謠言的類型

那麼，我們要怎麼做才能察覺某件事是謠言或都市傳說呢？

如同我前面所引用的柳田國男的論點，只要和其他地區沒有交流，傳說的相似性就不構成問題。其實這裡有個提示，弘法大師能夠旅行到全國各地嗎？為什麼日本各地都有小野小町❶的墳墓？如果你知道其他地區也流傳著同一個傳說的話，至少你對於「眞實性」或多或少都會感到懷疑吧。

本章開頭介紹的「到海外旅遊的女性在逛街途中被綁架」的謠言也是一樣的，如果有注意到傳聞的內容和「奧爾良女性遭綁架」的謠言是同一個故事的話，我們就能以批判角度，質疑謠言的眞實性。其實過去廣泛散播的謠言都有一定模式。

比方說，東日本大震災過後也發生過，幾乎可說是每當大地震過後，必定會傳出預告下一波大地震的謠言。在發生大地震過後，餘震確實會隨之而來。即便如此，「某月某日會再發生大地震」這種指定時間日期的謠言，讀者們可以統統視爲假消息，因爲現今的科學還沒有辦法準確預測地震發生的日期和時間。

定期會出現在周刊雜誌或綜藝節目裡的富士山話題也是一樣。我並沒有說富士山絕對不會爆發，但「富士山會在今年的○月爆發」這種預言型謠言，並不需要當眞。

我已經介紹幾個實際案例，同樣的謠言或都市傳說，稍微改個地點、改個人物照樣散播出去的情況也不在少數。只要了解謠言的模式，當我們再聽到同樣的故事時，不免就會產生「咦？怪怪的」的想法。只要我們對於謠言抱有一絲疑慮，就可經由第1章提及的內部查驗或外部查驗，甚至是兩者併用進行求證。因此，**掌握過去廣泛流傳的謠言或都市傳說的類型，是一種很重要的闢謠措施**。

---

❶日本平安時代早期著名的女和歌歌人，相傳容貌美豔絕倫，使小町成為後世美女的代稱。

■奧爾良謠言：只澄清眞相是不夠的

前面在介紹奧爾良謠言的來龍去脈時，我有提到謠言中暗示的反猶太主義意圖引發了「反抗運動」，謠言於是因此平息。那麼，這個「反抗運動」到底是什麼？

首先，兩個全國性反種族主義組織以這起事件爲出發點，將謠言定位成針對猶太人的誹謗與中傷。當地報紙更是以「可恨的陰謀」、「惡意誹謗運動」的標題刊登了相關文章。以此爲開端，總部位於巴黎的全國性報紙也加入報導行列。然後，協會、各種政治團體、國家教育協會、商會等，接二連三發表聲明，攻擊謠言中隱含的反猶太主義。

這一連串的「反抗運動」使謠言開始潰散，經過一段「最好不要談論這件事」的抑制時期後，不到一個月，被問及謠言的人都會回答：「我嗎？我當然不信啊。」

那麼，奧爾良謠言眞的是反猶太主義的謠言嗎？

撰寫《奧爾良謠言》的作者莫蘭提出一個很有趣的假設，他認為這則謠言裡的「女性遭到綁架」是一個自古以來特別容易抓住人心的**迷思**。而這個「迷思」在現代奧爾良甦醒的時候，被添加各式各樣的元素，包含被注射毒品帶到國外旅行（法文中會用「trip—旅行」，來暗指服用毒品過後的亢奮狀態，讓人在毒品和旅行間產生聯想），或是試衣間這種帶有色情氛圍的空間，甚至是中世紀流傳至今，城裡人盡皆知的地下通道。

不過，這個「迷思」還是有漏洞的，那就是從古至今女性遭到綁架的故事中「綁架犯的形象」，比方說，可疑的酒館老闆、水準低落的誘惑者、外國扒手集團等。莫蘭猜測，猶太人只是被利用來填補這個漏洞。當然，我們也可以指出，猶太人之所以會被選中，跟潛在的反猶太主義有關。

然而，在謠言中被點名的這些店主都是被法國社會同化的猶太人。當然，這些人的形象並不符合傳統反猶太主義所針對的猶太人。而且聽信謠言的人也不一定都對傳統猶太人抱有偏見。所以，我們很難斷定反猶太主義是謠言的主軸。這就是為什麼「反抗運動」中指出這則謠言隱含著反猶太主義意圖時，將相信謠言的人視爲種族歧視者，而他們可能會選擇沉默，或是改口宣稱「我本來就沒有相信啊……」。

奧爾良謠言並不是因爲遭到否認才平息，而是一連串的「反抗運動」攻擊謠言中潛在的不穩定因素——「反猶太主義」，並「順利」發揮效果。綁架女性的「迷思」也在反猶太主義的「反抗迷思」下，姑且算是了結。

先前提到，在澄清「綁架兒童的謠言」時的回應中，有人認爲即便不是事實，謠言所傳達的訊息也是很重要的。也就是說，有些謠言已經是超越事實的「迷思」或「故事」。如果是這樣的話，**想要平息謠言，僅僅澄清事實的眞相是不夠的，我們還需要削弱其迷思性和故事性**。

從這個層面來看的話，我們或許可以說，針對奧爾良女性綁架案這個被改編成現代風格的「迷思」所進行的「反抗運動」中，另一種「迷思」——「及猶太主義」發揮了極大作用。

第 4 章

散布謠言
只爲了「存在感」？
維繫關係的祕密

從 LINE 謠言、健康新知，到勵志小品文，
爲什麼人類總是樂於分享這些訊息？

1 謠言造就的人際網路

■ 想知道、想轉述、想交流

或許有些人會認爲大部分都市傳說是「有可能發生的事」，但基本上以「資訊」這個定義而言，都是不可輕信的內容。說到底，許多都市傳說的題材，雖然當作開玩笑或假消息是無傷大雅，但也有不少案例是難以公開表達的意見或情緒。如果要掌握明顯出現在都市傳說中的謠言特徵，我們就需要以不同於「古典」的觀點來觀察。因此，讓我們改變觀點，從**動機**層面來思考人們傳播謠言的原因。

首先，資訊交流型的謠言是以「**想知道**」爲主。因爲不清楚自己被捲入什麼樣的情況中，所以想試圖理解情況。擁有相同想法的人們在反覆溝通交流中所產生的資訊就是謠言。根據澀谷保的理論，我們可以這麼想，雖然人們普遍認爲謠言是草率、不嚴謹的內容，但事實上卻也有不少謠言出乎意料地準確。

另一方面，輿論型謠言的關鍵在於「**想轉述**」。因爲在言論管制底下，社會大衆無法大方暢談，所以只好以謠言形式表達自己的想法。八卦（與人有關的謠言）往往會像是在說別人的壞話，因爲不能在檯面上說的內容都轉變成謠言了。「不能說卻又很想說的壞話」，會藉由謠言形式，公開並散播出去。

除此之外，參與傳播謠言最大的動機還有一個，那就是想和他人「**交流**」。謠言透過人與人之間的日常對話，也就是「閒話家常」散播出去。從古至今，謠言都在與他人建立關係時派上了用場。

■ 共享帶來連結

謠言，通常伴隨著「**這件事我只告訴你**」這句開場白。

但應該不少人體驗過，其實根本不是什麼「只告訴自己」的事，基本上所有人早就都知道了。

「這件事我只告訴你」這句開場白，說者用來彰顯「我知道其他人不知道的事」的**優越感**，並強調「但我只告訴你一個人」來**加強同伴意識**。「兩個人剛剛共享了『只有自己知道的事』」，這種分享新「祕密」的行為也會產生親密感。共享祕密可以加強與他人之間的「連結」。

此外，「互惠規範」（norm of reciprocity）也會發揮作用。心理學中的「互惠規範」，指的是當自己接受對方的好意或恩情時，忍不住想給予同等或更多的回報。

因為「對方只把祕密告訴自己」，當你有機會獲得一些祕密資訊時，也會想第一時間告訴對方。過幾天，當這樣的機會來臨時，這次就輪到你將「只有自己知道的事」告訴對方。如此一來，你和對方之間的「連結」就會更加堅固。

即使不是「只有自己知道的事」也一樣。災區地區單位的維生管線資訊等，這些無法透過政府官方公告、大眾媒介等制度化的資訊流通渠道公布的資訊，也只能透過口耳相傳（謠言）來傳播。只能經由口頭傳話得知的消息，換句話說，並非每個人都能輕易獲得的資訊。要說到可以從什麼人口中得知消息，那當然是和自己有關的人。

如前所述，謠言是經由既有的人際關係傳播的。當熟人告訴你「不是每個人都可以輕易獲得的資訊」時，你會對他心存感激，產生一種親密感，並驅動「互惠規範」發生作用。**謠言，可以強化與人之間的關係性**。

■謠言，是「同理心」的展現

與人交往時，共享情感是很重要的。發生災害期間或戰爭期間會有許多謠言散布蔓延，根據第1章提及的奧爾波特和波特曼的謠言公式，就是因爲最重要的資訊往往不清不楚。生命或將來的事對每個人來說都很重要，一旦缺乏這方面的資訊，就會產生謠言。然而，在緊急狀況下傳出謠言的原因，不單單只是爲了尋求資訊而已。

當你非常擔憂「要是發生大規模的餘震該怎麼辦」的時候，你會想找人說說話，而不是獨自一人背負這種恐慌。這時候，要是發現熟人，你就會向他搭話。和熟人聊天的行爲，可以讓對方感受到自己的不安，同時，你也可以感受到對方的不安，光是這麼做就能舒緩焦慮。然而，這個行爲也有可能引發謠言。**透過謠言共享情感，也可以加強與人之間的「連結」**。

正因爲如此，即便你認爲對方告訴自己的謠言違背事實，你也難以啓齒。畢竟對方特意來告訴「你」，你如果當面反駁就是在糟蹋對方的好意。而且，如果對方非常篤定謠言的內容是「事實」的話，你說破了，就等於在指責對方沒有辨識資訊眞假的能力。更多時候，即使你疑惑地想說：「這不是假的嗎？」但自己也沒有證據。這麼一來，你反而不會把疑慮說出口了。當然，如果謠言的眞實性很重要的時候，你還是會提出問題。但你應該會考量自己與對方的關係，用更委婉的方式，給對方留點面子。

此外，碰到「朋友的朋友經歷過的事」時，就算知道這是典型的都市傳說，通常也不會刻意說出來，因爲都市傳說被定位爲娛樂聽衆的題材。如果有人刻意說出來，以前我們會說這個人神經大條，現在我們會說他白目。

如眞似假的故事之所以會擴散，是因爲謠言建立在既有的人際關係基礎上。畢竟，我們無法單從眞實性的層面來理解、評價謠言。

2 是社交工具，還是孤立工具？

■人人愛聽八卦

當我們見到某個人時，我們需要一些可以聊天的話題。如果是久違見面的對象，光是聊聊彼此近況就要花費一些時間。然而，話題會一點一點耗盡，如果彼此身處的情況不同的話，也就不會產生共鳴，這樣就只能聊往事了。就像同學會的典型模式一樣，以「最近在忙什麼？」開頭，不知不覺中就聊到以前的事，氣氛也跟著被炒熱了起來。這是因爲往事是「共同話題」。

如果和對方不熟的情況又該怎麼辦？你也不想一直聊自己的事，又怕一直問對方的事會被當成「愛八卦的人」，但又必須填滿和對方一起度過的時間。

隨著行動電話和智慧型手機的普及，會在電車裡看書的人越來越少了。以前大家會在通勤、通學的時候看報紙或雜誌，長距離移動的時候會看小說。而當行動電話普及以後，大家都改盯著手裡的手機螢幕了。電車內看書的乘客減少被視為「書籍脫離」、「文字脫離」的象徵，甚至被批評是「排外傾向」的象徵。這個現象之所以會被視為「排外傾向」的象徵，是因為人們會忽視同樣在車廂內的其他人，選擇沉浸在自己的世界或是和遠方的朋友聯繫，而手機助長了這個現象。自一九七九年隨身聽出現以後，甚至有聲浪批評「車廂內使用手機」是明顯的自我主義象徵。

不過說到底，為什麼人們要在火車裡看書呢？根據德國歷史學家希維爾布奇（Wolfgang Schivelbusch）的說法，在火車內看書的「習慣」是出現在鐵路誕生不久後。

在交通工具還是馬車的時代，偶然間共乘一輛馬車的乘客知道彼此將一起度過幾個小時，甚至是好幾天，大家會談天說笑，促進情誼。然而，鐵路的發展加快了人們的旅程，還沒聊上幾句，對方就要下車了，接著又換另一個乘客上車。旅行者總想著要如何快速抵達目的，甚至會感到煩躁。就這樣，彼此沒有任何交談，大眼瞪小眼了幾分鐘或幾小時，這種情況最初是從鐵路衍生出來的。

為了熬過這段時間，站內販售亭開始販賣適用於這種情況的工具，也就是書籍。也就是說，在列車裡看書是一種避免與面前的人有交集所產生的「習慣」。只是這個工具從書籍演變成隨身聽、行動電話、智慧型手機，根本沒必要把它視為「文字脫離」的象徵。我們也可以說，早從十九世紀開始，人們就開始迴避面對面的人際關係。

回到原來的主題。當我們苦無話題、需要銜接話題、消磨時間的時候，經常會熱烈地閒聊共同朋友的八卦（與人有關的謠言）。如果是彼此都知道的人的話，不僅內容有趣，話題也能一直持續。或者，我們在和初次見面的人交談時，要是發現彼此間有共同認識的人，可以一起感嘆「世界好小」而熱絡起來。「共同好友」不僅能用來銜接話題，還能縮短與初次見面對象之間的距離。

■八卦行爲的好處

那麼，八卦究竟具備著什麼樣的功能呢？

社會心理學家川上善郎將八卦的功能統整成三大種類。

第一種是**資訊**功能。八卦在傳達某個人的消息同時，還會提供適應社會環境的情報。例如，在談論某個朋友約會失敗的八卦的過程中，可以間接得知約會時該怎麼做才是適當的。此外，透過了解朋友的評價，也可以掌握自己的想法和意見所處的「位置」。

第二種是**確認與建立群體規範**的功能。一般而言，「暴力是不對的」是共同認知，但也有一部分群體容許「體罰」的存在。而這個群體會透過具體事例，建立出「允許有愛的體罰」的群體規範。群體一同針對具體事例——與人有關的情報進行評價，最後確立出這個群體的共同規範。

第三種是**娛樂**功能。八卦可以用來當成人與人交談的催化劑，我們會談論八卦，只是單純覺得有趣而已。

八卦的優點不只是容易談論而已，我們可以從八卦中學習，或是透過八卦來確立群體規範。而且，無論對於個人或社會來說，八卦都是不可或缺的。

■評價他人的八卦

慶應義塾大學健康管理研究所研究員岡檀，從公共衛生角度研究社群與居民心理衛生之間的關係，她針對全日本自殺率最低的城鎮——德島縣海部町（現今的海陽町）調查「原因」，並列出預防自殺的五個要素。我想特別關注其中一個要素：**維持「鬆散的羈絆」**。

根據岡檀的說法，海部町的人口密度極高，居民之間的接觸頻率也很高。但居民間的關係，頂多就是「有需求的話會給予適當的援助」，絕對稱不上有多緊密。硬要說的話，更偏向淡薄的關係。人們都各自屬於多個人際網絡，並不會維持固定的人際關係，且各自擁有形形色色的價值觀。例如，有居民不參與募款或拒絕加入老人俱樂部，這和那種古早的小村落具備的

「緊密而封閉的人際關係」完全相反。

雖然說起來有些矛盾，但海部町的居民會「對他人感興趣」。不過，他們的「關心」和「監視」是不一樣的，只是單純對其他人感到好奇而已。

比方說，岡檀在進行調查的期間，剛好有個女性搬進了海部町。有一段時間，居民只要見到面就會互相報告她的動向，討論得很熱烈，但居民對她個人的評價並不是固定的。在這個重視多樣性的城鎮，大家會經由謠言掌握正面評價和負面評價，最後再進行綜合評價。而當謠言的熱度下降時，她已經完全融入這個社區了。

換句話說，海部町的八卦是社區用來接納外人的八卦。岡檀猜測，海部町的居民之所以會「對他人感興趣」，或許是因爲這個城鎮歷年來都有很多人來來往往，居民會好奇地觀察及評論新鄰居的特質和能力。

然而，在我們的日常生活中，只有違反社群規範的行爲才會成爲謠言，最後時常會演變成背後說人壞話的情況。此外，八卦有時候也會用來孤立他人，透過推出犧牲者的方式來凝聚、整合群體。不過，也正因爲大家對這個人感興趣，才會有八卦產生。

以更極端的角度來說，如果「不是八卦的對象」，就代表大家對這個人不感興趣，「沒有謠言可以傳播的人」，就代表沒人感興趣。人們透過八卦被群體接納，透過八卦持續成爲群體裡的一員。也就是說，成爲群體的一員，就代表要成爲八卦對象，也代表要成爲交流八卦的成員。

■閒話家常與社會孤立

在少子高齡化的趨勢中，特別是老年人的社會孤立被視爲一個問題。二〇一〇年一月三十一日播出的ＮＨＫ特別節目《無緣社會》，就以沒有親屬認領、身分不明的「孤獨死」的增加趨勢爲主軸，探討包含現今社會的工作環境與家庭的人際關係、生活環境、社會福利等的問題，也引發熱烈回響。「無緣社會」甚至成爲一個流行語，被選爲二〇一〇年的十大流行語。

根據日本國立社會保障與人口問題研究所在二〇一二年七月進行的〈生

圖 6　各性別與家庭結構的交談頻率（65 歲以上）

		總數	交談頻率（%）			
			每天	2～3 天 1 次	4～7 天 1 次	2 個禮拜 1 次以下
男性	單身	252	50.0	18.3	15.1	16.7
	夫妻無子女	1,338	85.4	8.1	2.4	4.1
女性	單身	646	62.8	24.9	8.4	3.9
	夫妻無子女	1,026	86.7	8.6	3.1	1.6

資料來源：引用自 2013 年日本國立社會保障與人口問題研究所〈生活與互相扶持的相關調查〉

活與互相扶持的相關調查〉，六十五歲以上的獨居男性中有一六・七%的人，包括家人在內，和他人打招呼、交談、閒聊（含講電話）的頻率是「兩個禮拜一次以下」（見圖 6）。再針對二十歲以上的人進行調查後，發現回答「兩個禮拜一次以下」的人只占了整體的二・一%。我們從日常對話（閒話家常）的頻率中可以看出，在獨居老人當中，男性的社會孤立現象特別明顯。

雖然我們可從各種角度探討男性高齡者比女性高齡者更容易孤立的原因，但我們先從閒話家常的層面來觀察與他人之間的關係性。

根據社會心理學家川上善郎等人在二〇〇一年針對東京五個住宅區，二十～五十世代的

圖 7　和親友聊起「與人有關的話題」

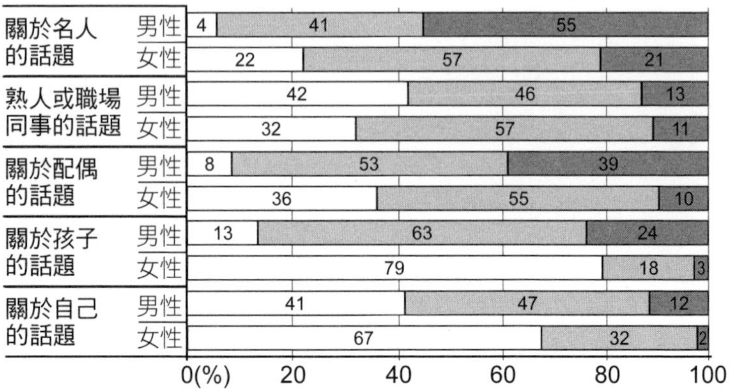

資料來源：筆者根據 2001 年，川上善郎、川浦康至、片山美由紀、杉森伸吉等的《關於日常對話的調查報告》http://homepage2.nifty.com/rumor/sonota/report.pdf 編寫而成

住戶進行的問卷調查，和親密朋友聊起「與人有關的話題」中，關於自己的話題所占的比例最高（六七%的女性和四一%的男性針對「關於自己的話題」的選項，回答「經常」）。

第二多的是「關於孩子的話題」，儘管這份問卷只針對有子女的人進行調查，但性別不同，調查結果也產生極大差異。七九%的女性回答「經常」，但同樣回答「經常」的男性卻只占了一三%。較多男性回答「經常」的選項是「身邊熟人或職場同事

的話題」（男性四二%，女性三一%）（見圖7）。

這種差異可以看出男性的人際關係以職場爲主，而女性的部分反映出了人際網絡的多樣性，包含家人、親戚、鄰居、因爲小孩的關係認識的人等。

這些數據顯示出，男性退休後就會失去閒話家常的主要話題。在此之前，職場建立的友誼關係本身就會隨著退休而疏遠。

八卦是對他人產生的「興趣」，共同認識的熟人很容易被當成八卦的題材。如此是這樣的話，我們有沒有辦法充分利用八卦來做爲與他人建立連結的契機呢？

■ 不妨聊聊輕鬆有趣的話題

聊天的話題不是八卦也沒關係。

我再從川上善郎等人的調查中引用另一個數據，這是針對與親密朋友的對話中經常出現的話題進行調查的結果。最多人回答「經常」的選項是「輕鬆的話題」（女性七八％，男性五九％），還有「大家可以熱烈討論的有趣話題」（女性七六％，男性五九％）（圖8）。

那麼，什麼樣的話題是輕鬆又有趣的呢？撇除與人有關的話題的話，其實滿難的。若要符合輕鬆、易參與、不斷更新的條件，那就是電視的話題了。

在一九七〇年代至八〇年代間，我還很小，有幾個電視節目一直都是茶餘飯後

圖 8　與親密朋友的對話中經常出現的話題

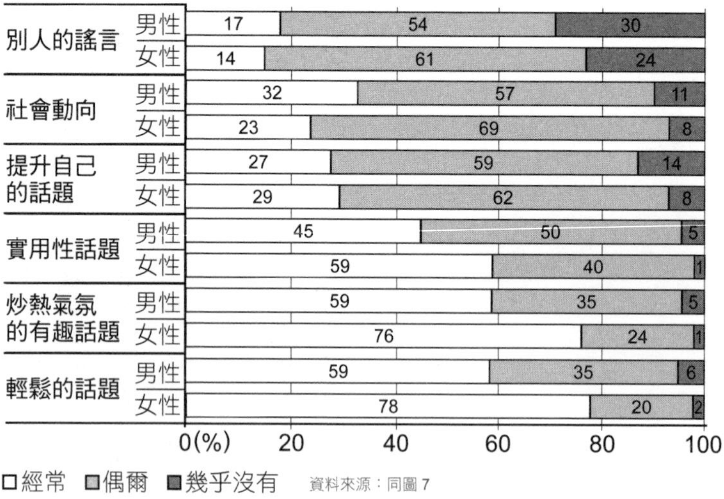

資料來源：同圖 7

話題的主軸。在我上小學的時候，《八點全員集合》和《*The Best Ten*》兩節目就很受歡迎。當我上了國、高中時，和朋友聊的都是前一晚的電視劇或深夜廣播節目的內容。棒球和相撲的話題也一樣，雖然在摸清對方喜好前要小心謹慎一點，但基本上是跟任何人都聊得來的話題，也常常見到完全沒有共同點的主管和新員工熱烈討論棒球。

當然，關於電視節目的話題至今仍然是輕鬆有趣的。但隨著一九八〇年代提倡個人收視時代的來臨，男女老少都會共同收看的節目越來越少，爲了提升收視率而特別製作的節目也隨之減少。

例如，根據Video Research❶的分析，一九六二年十二月三日開始調查收視率，直到二〇一三年三月二十一日爲止，在整個高收視率的前五十個節目中，一九六〇年代的節目有二十二個，一九七〇年代的節目有十六個，但

---

❶Video Research是日本一家調查電視節目與廣播節目收視率的公司。

一九八〇年代只有八個，一九九〇年代一個，二〇〇〇年代二個，二〇一〇年代一個（調查區域爲日本關東地區）。

隨著網路普及，人們開始關注「電視脫離」的現象，但其實早在網路出現以前，「大家同時收看同一節目」的行爲就開始減少了。同時，大衆媒介提供「共同話題」的影響力也在減弱。不如說，從歷史來看，許多人透過「電視」這個大衆媒介同時接收同一則新聞資訊、享受同一個節目的經驗，本身就是個異常的現象。

3 爲何謠言如此眞實

■ 適合當話題的故事

我在第3章中介紹的都市傳說，都很適合當成輕鬆有趣的話題，我再介紹幾個以前就相當著名的故事。

在大學的考試中，有個學生完全想不出答案，他在答案紙上寫下「咖哩的食譜」後交卷，居然拿到A的成績。隔年，聽說過這個傳聞的學弟妹們也同樣在答案紙上寫下咖哩的食譜。結果公布成績時，只有一個學生是不及格的。當這個學生跑去抗議時，教授告訴他：「因爲你的咖哩食譜裡沒有放紅蘿蔔。」

如何輕鬆拿到學分是大學生最關心的事，自古以來就流傳各式各樣的謠言。

我再介紹一個更加普遍，每個人都可以享受趣味的故事。

有個人開車的時候不小心撞到一隻小黑貓，雖然覺得很可憐，但他還是繼續往前開。他突然發現後方有隻叼著小貓的黑色母貓，氣勢洶洶地追了上來。他嚇了一大跳，連忙加速試圖甩開，但距離卻越縮越小。當這個人自暴自棄地想：「沒救了，要被追上了。」時，開到他身旁的是一台「黑貓宅急便」的車。

大家都以爲是母貓化成貓妖追了上來，最後的結局卻讓人忍不住笑出來。前面有點恐怖，但結局很有趣，是個不錯的小故事。

■在網路發酵的謠言

有些故事雖然不是走有趣路線，但看完會讓人產生「原來如此」的想法。

動畫電影《龍貓》中，在妹妹小梅失蹤的場景之後，其實小梅和皐月都已經死了，所以她們兩個後來才會都沒有影子。

這是關於席捲各世代的熱門吉卜力動畫電影《龍貓》的一個謠言。

自一九八八年戲院上映以來已經過去二十多年，儘管工作室推出許多影音作品，但只要一在電視上播出就會創下高收視率。一旦出現與這部紅遍大街小巷的《龍貓》有關的「祕密」，相信每個人都會很感興趣。

而且，在聽到這個論點的時候，幾乎沒有人可以很篤定地回答到底有沒有影子。這是一個容易談論，又讓人覺得很有道理的好故事。

此外，吉卜力工作室公關部門在二〇〇七年五月一日發表的網誌中否認了這則謠言。

不管是什麼樣的謠言，內容的眞實性都不會造成問題，大家只是將其視爲輕鬆或炒熱氣氛的話題而享受其中。因爲可以在連結人與人的閒話家常中拿出來當話題，人們才會傳播這些謠言和都市傳說。

當網路成爲人們日常生活中的一部分以後，越來越常看見臉書、推特、部落格介紹這種謠言或都市傳說。比方說，哈佛大學圖書館凌晨四點的照片（如圖9），和張貼在牆上的二十條箴言。

1. 此刻打盹，你將做夢；此刻學習，你將圓夢。
2. 我荒廢的今日，正是昨日殞身之人祈求的明日。
3. 學習時的苦痛是暫時的，未學到的痛苦是終生的。

諸如此類的箴言共有二十條。

或許有人會想：「眞不愧是哈佛大學！原來他們的學生都是看著這些箴

圖9 「哈佛大學圖書館凌晨四點」示意圖

言，不分晝夜地勤勉學習呀。照片也很有衝擊力呢。」但這件事其實是假的。起初，這則謠言在中國蔓延，但遭到官方否認。

對許多人來說，這個故事乍聽之下很有道理，但卻沒有可以直接確認的手段。再加上有附照片，看起來更像眞的，讓人輕易當成教訓，告誡自己「我們也得好好努力才行」。因此，經由臉書分享或透過電子郵件轉寄張貼謠言的網站網址，使這則謠言廣泛散播。

■謠言是當下「最合理」的解釋

都市傳說也是一種現代「迷思」。如果把未經證實的事和無法確認的事都算進去的話，只要故事符合邏輯，就會一下子蔓延開來。

之前有篇文章提到「最近有些家庭裡沒有菜刀」，接著又說「所以配菜和分裝蔬果才會越賣越好」。在撰寫這本書的時候，我試圖查詢家中沒有菜刀的家庭的比例，和增加幅度的調查數據，很遺憾我一無所獲。在一九九二年出版的漫畫《美味大挑戰》的第三十三集中，其中有一段故事是描寫擔任記者的主角寫了一篇〈最近的年輕夫妻家庭中，家裡沒有菜刀的比例逐漸增加〉的文章。如果二十幾年前就在談論「最近有些家庭沒有菜刀」的話，那聽起來不是很奇怪嗎？

有人說「萬里長城是唯一一個可從月球上看得見的人造建築物」。乍聽之下好像滿有道理的，但這並不是事實。中國文學研究學者武田雅哉表示，這個說法並不是中國人捏造出來的，而是源自西方世界對於中國巨大建築物的誇飾。此外，有趣的是，每個時代「從月球上看見萬里長城的人」都在改變。

直到十九世紀，童謠〈鵝媽媽〉中出現的「月亮上的男人」（The Man in the Moon）都像個傳說中的存在，但在十九世紀後期受到天文熱潮影響，人物被修改成住在月亮上的「外星生命」。天文學家帕羅威爾（Percival Lowell）曾經「發現」火星上有運河，他在一八九五年主張外星生命確實存在。凡爾納（Jules Gabriel Verne）的《從地球到月球》和威爾斯的《世界大戰》等科幻小說掀起風潮的時期，也正好是十九世紀後期。到了二十世紀後期，人們開始轉移焦點，不再提起能見度極低的月球表面，開始討論地心軌道上的太空船看不看得見長城。

這跟謠言的細節會變化的情況完全相同。**人們將細節替換成各個時代中最合理的解釋**，所以「月亮上能看見萬里長城」的主題才得以流傳下來。

■在新事物的普及過程中萌生

前面我已提過八卦與社群之間的關係了，其實在社會中推廣新事物的情況也是一樣的。我來介紹一些十九世紀中後期，日本明治文明開化時期的事吧。

有個老奶奶聽說可以透過電話聯繫遠方的人，她打包了一個包袱想寄給住在東京的兒子，她站在電話纜線下向路過的人搭話：「不好意思，可以幫我把包袱綁到線上嗎？我想寄去給人在東京的兒子！」

有個人第一次搭蒸汽火車，鐵路客車漂亮得令他驚訝。他脫下鞋子，整齊地擺在月台上之後才上車。到了目的地他才驚呼：「奇怪？我的鞋呢？」

現在聽到類似以上的這種故事，或許還會覺得有點道理，「明治時期可能真的是這樣」。第一次接觸電話和蒸汽火車，搞不清楚狀況也是理所當然的。或許還會試圖想像文明開化給當時的人們帶來多大的衝擊。

不過，這些故事的眞實性還滿可疑的。例如，歷史學家原田勝正推測，考量當時的生活習慣，就算眞的在搭蒸氣火車前脫下鞋子，如果現場沒有負責保管鞋子的人，爲了防止弄丟鞋子，應該會自己拿上車才對。

正因爲人們對電話和蒸汽火車這些社會的新事物充滿興趣，才會造成話題。當然也會聊些像是「我用過了，眞的聽得到聲音，我好驚訝」、「蒸汽火車出乎意料的慢啊」的話，但稍微「誇張」一點的故事更有哏、更好笑。**改編出來的故事越是完整，就越容易被當成「眞人眞事」散播出去**。人們不只是實際使用而已，還會透過逐漸增多的話題來了解電話和蒸汽火車，這些新事物變得更容易親近，並滲透至人們的生活中。

■ 追求秩序的謠言

同樣原理也適用於遭到抨擊的情況。評論家荻上知紀認爲，每當新媒介問世必定會出現的「有害媒介理論」（過度高估新媒介的影響力，主張新媒介會對人們帶來有害影響的理論）都可以視爲「謠言」。

在二〇一三年抨擊的目標是即時通訊軟體LINE，以及智慧型手機。不少人應該還記得前陣子還在抨擊行動電話和遊戲，更早之前是呼叫機，甚至漫畫和電視都曾經是抨擊的目標。

「〇〇對年輕人有害」的論調，總會把兒童和年輕人之間流行的事物當成目標。所以小說、幻燈片連環畫劇、騎自行車的女生、棒球等，這些東西在剛出現時都遭到抨擊，因爲對社會來說是新鮮而陌生的。

然而，這些「有害媒介理論」並不僅是要排除陌生的事物而已。借用荻上知紀的話，「謠言流通不只是爲了排除，也爲了秩序化」。雖然新媒介在短期間內會遭受抨擊並被視爲社會問題，但隨著新媒介滲透並融入社會，人們也開始思考其教育作用。當新媒介變得更加普及，甚至成爲人們日常生活中理所當然的一部分時，就會成爲批判下一個新媒介的基礎。

一開始，閱讀小說遭批讓人沉浸在幻想世界中，後來「沉浸在幻想世界中」卻成爲批判漫畫的基礎，最近甚至會有人說「現在的小孩子連漫畫都不看了」。而「比漫畫還沒想像力」則被拿來批評網路影片。

有些人可能會覺得謠言和都市傳說過於寬泛。典型的謠言確實會在特定群體和社會中迅速蔓延。但如同我在第1章所定義的，謠言在散播的期間是被認定爲「事實」的，或者根據內容，「事實」與否無傷大雅的時候，消息就會在人與人之間傳播。在社會慢慢流傳開來的故事，也可視爲謠言的一種。

我們可以從中看出，**我們認爲合情合理的事情會輾轉變成謠言**，而人們又透過傳播謠言的方式與他人共享這份「合理性」。謠言和我們所共享的眞實性，就像是雞與蛋的關係一樣。

■當都市傳說成爲題材

我們認爲合情合理的事物被凝縮過後，變成謠言和都市傳說。如果是這樣的話，謠言和都市傳說就很容易拿來當成影視作品的經典橋段。

印度電影《三個傻瓜》（*3 Idiots*）是一部以大學爲舞台的喜劇電影，創下印度影史票房第一，二〇一〇年在國際印度電影大獎中一舉奪得十六個獎項，創下紀錄。故事圍繞在敘述主角三人在讀書至上的校園裡做出的各種蠢事。其中有一幕場景是這樣的：

主角三人晚到考場，在考試時間結束後仍繼續作答。監考教授一邊整理其他學生的答案卷，朝著最後交卷的三個人說道：「超時，取消資格。」接著，其中一人用很囂張的口吻說：「你知道我是什麼人嗎？」教授感覺自己被冒犯，不高興地說：「我哪知道你是誰。」學生鬆了一口氣：「這樣啊，那我就放心了。」然後將自己的答案卷混到教授整理好的答案卷裡，把桌上弄得一團亂便逃走了。

這一幕是採用一個相當知名的都市傳說，劇組將這種人人都覺得「好像有可能但又不太可能」，但「眞的發生的話會很有趣」的都市傳說當橋段，巧妙地安插進電影裡。我在第3章也提過，書籍、雜誌、漫畫、電視劇等，都會以都市傳說當成題材，而都市傳說也經常用來做爲電影橋段。

美國文學家哈羅德．謝克特（Harold Schechter）在著作《身體裡的蛇》（*The Bosom Serpent*）介紹許多例子，說明從前爲人們帶來娛樂的民俗（民間傳說）到了現在，仍經由B級片、喜劇、小報等管道持續流傳。藉由添加都市傳說這種現代民俗元素，人們可以充分享受其中。

■一旦成爲新聞，就會越來越難查證

以下爲我在撰寫本書的過程中找到的一則新聞：

「美國加州一個四歲小孩的皮膚底下孵化出螺？」

CNN報導，一名住在美國加州的四歲小男孩皮膚底下孵化出螺。小男孩疑似在沙灘跌倒的時候，皮膚上沾到了卵，最後孵化了出來。

根據父親肯恩的說法，他們一家人在七月去海邊遊玩，兒子保羅（四歲）在岩灘跌倒，擦傷膝蓋。他們清洗完傷口後，貼上絆創貼。

然而幾個星期後，保羅的膝蓋開始腫大，像是化膿一樣。醫生診斷表示有可能是葡萄球菌感染，並開了抗生素的藥。即使藥效過後，皮膚底下的黑色塊狀物還是在慢慢變大。

母親瑞秋試圖自己想辦法，便用手指用力按壓保羅的傷口，結果擠出一塊黑色物體。

瑞秋一開始以爲是石頭，放在廚房紙巾上觀察後，發現那是一隻螺。瑞秋回憶：「翻過來以後，發現是隻螺。」

父母猜測，或許是保羅跌倒的時候，傷口沾到了螺的卵。

根據地方報紙報導，保羅用動畫電影的角色「小蝸」來爲在自己膝蓋裡長大的螺命名。

這是美國有線電視新聞網CNN，二〇一三年八月二十日在日文版網頁中發布的新聞。

內文同時上傳了採訪四歲小男孩和其雙親的影片，似乎是眞正發生過的眞實事件。

然而，下面這則都市傳說也很有名。

有一名男子和朋友到海邊玩，不小心在岩灘滑倒受傷。雖然膝蓋有輕微擦傷，但畢竟傷勢不嚴重，也就沒放在心上。幾個星期後，男子的膝蓋腫脹到疼痛程度，只好前往就醫。醫生看了X光片後，決定立刻動手術。醫生一下手術刀，發現男子的膕窩處牢牢地吸附著一隻藤壺。原來他跌倒的時候，生長在岩灘的藤壺跑進了他的傷口。

保羅的故事和「藤壺」的都市傳說非常相似。用動畫電影主角的名字「小蝸」來取名等，以一個都市傳說的新版本的結局來說，也算是「還不錯」

的。不過，保羅的故事難道是假的嗎？可能實際上眞的發生過類似保羅的事件，而藤壺的都市傳說或許就是以這個事件爲原型，用「牢牢地吸附在膕窩上」改編成更吸引人的故事。

爲什麼我沒有斷言這是假的呢？因爲這是名爲ＣＮＮ的新聞媒介所報導的新聞。因爲是新聞，所以我希望它是「事實」。

一般來說，大衆媒體提及的內容本身就具有權威性。電視節目中介紹的餐廳感覺很好吃，雜誌上提到的旅館會讓人想住住看。出現在電視上的人是名人，和普通人不一樣。當然，冷靜思考後就會發現，即使出現在大衆媒體，也不代表那個人一定是「優秀的」。

不過，他們通常會被認爲是特殊的人。或許不是每個人都把大衆媒體當成一種權威看待，但被大衆媒體提及，就代表會有很多人知道，被很多人知道就代表他有與衆不同的「價値」。

除此之外，新聞的地位是特殊的。電視、廣播、雜誌的主要作用爲娛樂，內容有時候是虛構或設計過的，而我們會認爲新聞報導基本上都是證實過的

「事實」。

根據第2章介紹的清水幾太郎的見解，報社和電視台需要爲新聞的眞實性負責。因此，要是大眾媒體將毫無根據的謠言當做新聞報導，該謠言就會成爲公認的事實。關東大地震時，朝鮮人來襲的謠言被地方報社拿來做爲題材寫成新聞，再傳回東京和橫濱。謠言被寫成報導後，就成爲了社會公認的新聞。這麼一來，要質疑眞實性就越來越難了。

■新聞的「事實」

美國新聞學研究學者伯德（Elizabeth Bird）針對謠言「歡迎加入愛滋病行列」（Welcome to AIDS World）的探討，能幫助我們思考這個問題。

有個男子和搭訕到的女子共度一夜。隔天早上醒來發現女子不見了，鏡子上用鮮紅色的口紅寫著「Welcome to AIDS World」。一九八〇年代後期，這則謠言開始在世界各地散布。一九九〇年代前期，在日本也相當流行。

根據伯德的說法，美國四大電視網之一ABC的新聞節目《黃金時段現場》報導了一個故事：有名感染愛滋病的女子害怕獨自死亡，所以在夜店搭訕了幾十名男子。而且，「女子本人」的採訪片段和在酒吧喝酒的男子的影片一起播出。

不過，她並不認爲這個故事是「實際發生過的事」。相反地，她將焦點集中在以下幾件事上。《今日美國報》和《每日星報》等報紙都刊登過這則謠言，另有雜誌編輯稱幾年前就收過類似投稿。還有，越南戰爭期間也有相同故事，關於一個女子試圖散播其他性病的故事。並且，她認爲這一系列的故事就是某種「傳說新聞化」的現象。

我們通常認爲傳達「事實」的新聞和「無法確認的」民間傳說（自古以來口耳相傳的「故事」）是兩個極端的存在。然而，就像民間傳說一樣，新聞其實也是文化組成的「故事」，一個很重要或很吸引人的故事。換句話說，**與其說新聞在客觀描述事實，不如說，那些只是被判斷爲「值得當成新聞」的「故事」**。

伯德接著說道，更重要的是，新聞會反映出「對特定文化的擔憂和關注」，並加以強化。因此，媒體採用謠言或民間傳說的題材來吸引我們的注意力，不知不覺中，這些故事就被當成「事實」而散播出去。接著，她又舉出萬聖節謠言這一個很好的例子。

自某個時期開始，美國時不時就會出現有人會在萬聖節準備有毒的糖果和放了刀片的蘋果的報導。但調查以後會發現，直到一九八四年爲止，除了有家長讓自己的小孩吃毒糖果以外，根本沒有發生過類似的事。

也就是說，我們可以認爲這則謠言反映出家長的擔憂，「陌生人給的食物是有危險的」，而這種擔憂直接衍生出新聞，「事實」也就此誕生。

當然，新聞基本上都是在傳達事實。例如，二〇一三年日本的夏天非常炎熱，許多地方連日最高氣溫都超過四十度。這個內容確實是「事實」，但之所以會拿來做爲新聞，是因爲包含天氣和全球暖化在內的氣候變遷、水資源短缺、電力短缺、中暑、農作物生長等，都被定義爲我們「對特定事物的擔憂和關注」。透過新聞報導天氣炎熱的現象，讓我們提高「對特定事物的擔憂和關注」。**新聞和都市傳說，出乎意料地接近**。

■是媒體，還是造謠推手？

不僅是關東大地震時的朝鮮人來襲的謠言，有不少例子都是新聞誤把謠言當成事實而傳播出去。

例如，二〇〇五年五月二十七日，日本各大報同時刊登同一則報導，菲律賓民答那峨島的叢林裡發現兩名前日本士兵還活著。在當地進行日本士兵遺骨收集活動的日本人聽見這個謠言後，聯絡了戰友會。日本駐菲大使館派遣調查人員前往的同時，湧入大批來自日本的媒體。

這篇新聞最終以錯誤報導（違背事實的報導）收場。但爲什麼會出現這樣的報導呢？源頭就是在當地謠傳的謠言。

不少日本士兵仍留在東南亞國家是衆所皆知的事。事實上，前日本士兵橫井莊一及小野田寬郎分別於一九七二年和一九七四年返回日本。如果說還有前日本士兵仍倖存也不足爲奇，但畢竟已經過了三十多年，確實會令人難以置信。然而，二〇〇五年將迎接二次戰後六十週年，大衆媒體正忙著爲這個里程碑準備各種企劃的時候，傳來了這個「消息」。這就是爲什麼會有大量媒體前往當地取材，並報導成新聞。

此外，也有不少情況是大眾媒體將謠言廣泛流傳的現象，做爲新聞報導出來。有傳言說，日本首相公邸（首相的住所）有幽靈出沒。現在的首相公邸直到二〇〇二年以前是拿來當成首相官邸（首相辦公的場所）使用的地方，也是發生「五一五事件」和「二二六事件」的建築物。或許是因爲這樣，傳聞在半夜會聽見軍靴的腳步聲或是看見「二二六事件」的幽靈，甚至有人臆測幽靈出沒，正是首相遲遲不搬進公邸的原因。

起因是由內閣決定的政府聲明在二〇一三年五月二十四日，針對某個參議員提出的質詢書進行回覆：「（對於有幽靈出沒的事）並不知情。」結果幾家報紙就以「公邸的幽靈傳說」報導出來，甚至在電視節目上引發討論。雖然從一九九〇年上半年開始就流傳公邸幽靈的謠言，但經過大眾媒體傳播，就變成社會的廣泛認知。

日本《產經新聞》曾訪問參觀舉辦於暑假期間的首相官邸與公邸特別參

訪的小學生，他們說，「感覺公邸晚上會出現幽靈」。

雖然不清楚受訪的小學生是否聽過謠言，但新聞刻意選用這種內容做爲參觀公邸的感想，就代表他們將「公邸的幽靈傳說」定位爲「對特定事物的擔憂和關注」。中、小學生去參觀公邸的目的並不是看幽靈，但透過這些文章，「感覺公邸是個會有幽靈出沒的地方」漸成定論。

正如同我在第1章總結的，和政府或地方自治團體等公家機關發布的官方公告和大衆媒體等制度化的資訊流通渠道所傳播的資訊相較之下，謠言屬於「經由個人關係傳播的資訊」。然而，正如我們迄今爲止所討論的，新聞和謠言之間的關係是非常複雜的。

有時候媒體在不知道是謠言的情況下報導，後來才發現有誤。同樣在不認爲是謠言的情況下報導，也有可能會出現積非成是的結果。前日本兵的消息有必要確認是眞是假，但「螺在保羅身體裡孵化」的故事，事實與否相對就沒有那麼重要。此外，也有一種情況是像首相官邸的幽靈傳說一樣，因爲大衆媒體報導了謠言正在散播的現象，使得謠言在社會中蔓延得更廣。甚至有時候**新聞只是報導了謠言，觀衆就將謠言視爲事實**。

■「媒體不報反而更可信」的謠言

新聞和謠言之間還存在著一種關係，有一種謠言是以**「大衆媒體無法報導」**爲前提而散播的。

比方說，東日本大震災過後，在災區裡流傳的謠言當中，很多是以「媒體沒告訴你的眞相」散播開來的。其中，災區裡強盜、掠奪、性侵事件頻繁的謠言或外國人犯罪的謠言，都因爲添加「大衆媒體不報導」的理由，像是「媒體包庇」、「媒體人士還沒收到消息」等，讓人信以爲眞而廣泛蔓延。

其實阪神大地震的時候也是如此，當時廣泛蔓延的謠言宣稱只是報紙沒有報導，但其實性侵案猖獗、志工引發暴力事件等，但後來證實謠言裡提及的事件，沒有一個是眞的。

在難以掌握情況的災區裡，我們並無法斷定犯罪案件是否頻繁，那爲什麼那些散布謠言的人，可以比在這種嚴峻的狀況下的大眾媒體更了解「眞相」呢？這麼一想，我們應該就會立刻察覺到那所謂「媒體沒告訴你的眞相」的怪異感。

或者我們可以試著思考，爲什麼大眾媒體需要隱瞞眞相？如果認爲大眾媒體會隱瞞對自己不利的事實的話，我們可以想想這個資訊具體來說對他們有什麼不利之處。也有人說「大眾媒體不會播出對廣告商這種大企業不利的事情」。那麼「大企業」具體來說指的是哪一間公司或組織呢？媒體眞的從來完全沒播過大企業爆發的事件嗎？大家可以仔細思考看看。

當然，大眾媒體傳播的資訊大家沒有必要當成「事實」全盤接收。確實在一些情況下，大眾媒體會選擇不播報不利自身的消息。不過，「媒體試圖隱瞞的這個資訊一定是正確的」的邏輯，也一樣詭異。希望各位要特別留意那些以「媒體不報，肯定是眞的」來當成「根據」的謠言。

第 5 章

謠言的新衣
在網路與手機的時代

媒介的變化，讓「口耳相傳」的遊戲更難捉摸。
但人性是不變的，我們如何在其中找出規則？

1 謠言與媒介不可分割

■ 媒介的擴散作用

電話可說是第一個讓謠言更快、更廣泛傳播的媒介。例如我在第1章中介紹的一九七三年豐川信用金庫擠兌事件，事後證實，電話和業餘無線電確實對謠言的擴散有「貢獻」。

即使是在一九七〇年代，謠言早就不再只是面對面交流才能傳播的東西，當時已經結合電話這個媒介一併使用了。因爲電話可以將想傳播的資訊即時傳達給遠方的對象，所以謠言的傳播速度也會跟著提升。

上述電話指的是家中的固定電話，但同樣原理也適用於行動電話的通話或簡訊。雖然有時候會碰到對方不方便接聽電話或無法立刻查看簡訊的情況，但個人可以隨身攜帶的行動電話並不存在「人不在家」的問題，所以使用行動電話的話，謠言的傳播速度又會更進一步提升。

此外，由於網路的發展，人們可以輕易地和不特定對象溝通交流。至今爲止互不認識、未交談過的人們可以在網路電子布告欄上進行交流。原本謠言傳播靠的是既有的人際關係，但在網路上可以瞬間傳遍到更廣大的範圍。

就這樣，電話、行動電話、簡訊、網路這些傳播媒介加速了謠言的傳播速度，讓謠言傳播得更廣泛。

不過，媒介的作用只有這樣而已嗎？

■從一張傳單開始

一九七六年二月，法國開始流傳一張用打字機打的傳單，上面列出許多食品添加物名稱。食品添加物被分爲三類：致癌、有疑慮、無害。但傳單上卻將法國禁止使用的添加物（不包含在食品內）歸類在無害中，無害物質反而被歸類在致癌物質裡，內容完全是胡扯。但正如口頭傳播的謠言一樣，隨著這張傳單的影本出現，內容經過修正，變得更加可信。

傳單上更註明資料來源是「維勒猶夫醫院資訊」，這當然也是瞎編的，但經由這張傳單而散播的謠言已經被稱做是「維勒猶夫傳單」（Villejuif Leaflet）。對於此事，維勒猶夫醫院一再否認。

然而，在一九七〇～八〇年代，這張傳單以法國爲中心開始散布，英國、德國、義大利甚至流傳翻譯版本。

日本經由傳單散播的事情中，較有名的是一九八〇年代末到九〇年代的假車禍集團傳單。假車禍集團傳單主要是在呼籲有假車禍集團來到縣內，專門以和解金或慰問金爲目的，故意製造假車禍，並教導大家如何應對車禍。這張傳單和維勒猶夫傳單一樣，將假車禍集團的車牌號碼一一列了出來。

一九九六年社會心理學家佐藤健哉召集學生收集假車禍集團的傳單，卻發現沒有一張傳單是一模一樣的。

影印或傳眞的傳單大小各不相同，有手寫的、也有印刷的。而印刷的傳單中，字體和補充說明的「方式」也都不盡相同，並不是單純的影本而已。傳單在散播的過程中，重新打字過好幾次，有的會出現打字機的錯誤轉換，有的會以手寫方式補充注意事項。

就像許多謠言一樣，維勒猶夫傳單和假車禍集團傳單被當成「事實」廣泛散播，而會被視爲「事實」的原因之一，是因爲傳單上列出具體的食品添加物或車牌號碼。如果只說「有些食品添加物含有致癌物質」、「假車禍集團進到縣裡了」就太過粗略、草率，或者會因爲太理所當然而無法擴散。就是因爲有把該注意的對象具體列成清單，人們才會認爲這是合理資訊並加以接收，也會不自覺多加留意。

我在第 2 章中提過，令人想傳播謠言的因素中，「焦慮與迴避方法」的組合是很重要的，而這兩種傳單都同時包含了「呼籲內容」和「該迴避的具體對象」，是非常完善的謠言。

■內容跟形式的整體性

我們把焦點放在曾於日本廣泛流傳的假車禍傳單，一起來思考爲什麼會在一九八〇年代末到一九九〇年代蔓延開來呢？

首先，我想確認這則謠言是因爲「傳單」這個媒介才成立的。畢竟這正是這則謠言的「魅力」，也是因爲使用了傳單，才能將食品添加物名稱或車牌號碼這些做爲根據的詳細資訊傳播出去，這些是口頭傳播無法做到的。這則謠言的「內容」和傳單這個「形式」（媒介）是不能分割的。

此外，在發放這些傳單的時候，使用了當時才剛開始普及的影印、文書處理機、傳真，這些媒介的存在也是很重要的。比方說，如果是在一九六〇～七〇年代，光是印刷品這點，就會讓人覺得可信度很高，或許才會傳播得如此廣泛也說不定。

隨著一九八〇年代中期文書處理機的普及，人人都可以輕鬆建立印刷文件。但在這之前，「印刷」是一件很特別的事。「印刷」等於出版，對普通人來說是遙不可及的。如果有一定年紀的人，應該還記得第一次把自己的文章打成印刷文字的感動……光是印刷文字的形式就讓人覺得內容也高尚了起來。

當然，以前政府機關和企業是使用打字機來建立印刷文件的，但這種挑選活字來製作文件的機器，個人是無法輕易運用的。在文書處理機普及以前，製作印刷傳單並不是件容易的事。

除此之外，影印和傳眞也不是平常就能使用的功能。雖然現在隨時都可在街上的便利商店影印，但便利商店門市經過一年的影印服務試營運後，在一九八二年全面展開這項服務。至一九八〇年代早期爲止，如果個人要製作大量的複製時，通常用的不是影印，而是油印。在這種情況下，不是挑選活字，而是用手刻鋼板。

傳眞開始在每個家庭普及是在一九八五年通訊自由化以後，在那之前，提到家用電話，最常見的就是除了通話沒有其他功能的轉盤電話。在一九六〇～七〇年代，即使一開始「製作」出謠言的印刷傳單，也傳播不了多遠。

基本上只能手抄，無法輕鬆複製或轉寄。

圖10是日本中央調查社針對日本全國三十五個城市，員工數五人以上的民營企業進行調查的「辨公室自動化設備普及率趨勢」。在一九八三年的時候，影印機的普及率約四〇%，傳眞機一〇%以上，文書處理機的普及率則更低。然而，假車禍集團的謠言是在一九八〇年代末開始流傳的，傳眞機普及率有將近七成，也有六成辨公室導入了影印機。文書處理機和電腦也有二～三成，已經是人們相當熟悉的存在。也就是說，媒介環境已經發展到藉由傳單傳播謠言的方式是成立的。

順帶一提，影印機、傳眞機、文書處理機等辦公設備，比起一般家庭更早在職場中普及，而傳眞機和電腦到了數年後才會在一般家庭中普及。根據日本內閣府的消費趨勢調查，傳眞機的家庭普及率在二〇〇六年超過五成，而電腦則是在二〇〇一年。

但是在二〇〇〇年代呢？在二〇〇〇年代，用簡訊或網路傳播謠言更爲

圖 10　辦公室自動化設備普及率趨勢

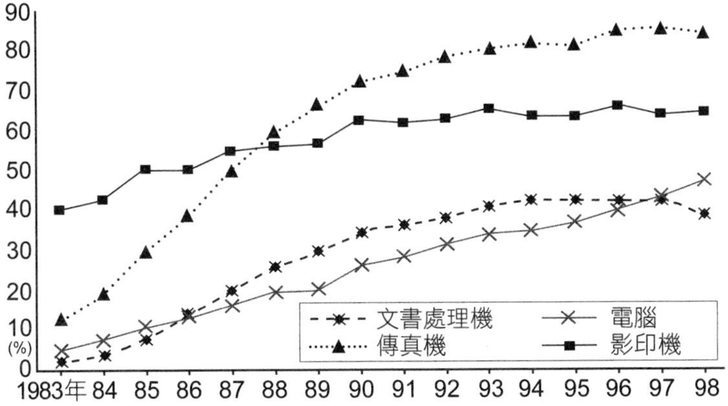

資料來源：部分修正自日本「中央調查社」官網 http://www.crs.or.jp/backno/old/No508/5081.htm

常見，沒必要特地花工夫在影印或傳眞上。如果是這樣的話，謠言就很難透過傳單產生了。我們也可以認爲，在歷史上，只靠傳單散播的謠言，只存在於非常短暫的期間內。

當然，這也只不過是推測而已。然而，**在思考謠言的傳播時，了解哪些媒介可在日常生活中運用是很重要的**。更重要的是，**謠言的可信度與合理性，和傳播媒介有著密不可分的關係**。傳播媒介不單單只是一種「手段」而已，而攸關了整個謠言的形成。

■媒介本身的訊息

媒介（media）指的是代表「傳媒」、「媒介」的 medium 的複數形態。因此，傳媒只是一種「手段」，更重要的是「內容」，也就是傳媒所傳達的訊息。人們已經普遍接受這樣的概念。例如，「電視本身沒有錯，錯的是部分低俗的節目」、「網路對於孩子自發性學習是有助益的，問題在於任何人都可輕易發送資訊，所以才會存在散布有害資訊的網站」。

然而，正如媒介理論宗師麥克魯漢（Marshall McLuhan）明確主張「媒介即訊息」一樣，媒介往往會被視爲傳播「手段」或透明媒介，但其本身可能也會是一種訊息（傳播的「內容」）。

我來介紹一則小故事。

在太平洋戰爭即將結束時，美國軍方在日本各地撒下告知戰況的傳單，其中最具說服力的傳單上清楚寫著下個空襲目標和預定日期。隨著傳單上的預告「成真」，美國的傳單可信度也跟著提升。此外，傳單這個媒介本身帶有的訊息，也有助提高內容的可信度。一名女子對於傳單的回憶如下：

> 我母親堅信美國擁有世界上所有原料。當我把傳單拿給母親看時，她說：「妳看，只是撒個傳單就用這麼高級的紙。」

傳單上寫了什麼並不是太大的問題，更重要的訊息在傳單的紙質上。比起內容，傳單的紙質更展露出美國的富裕和日本艱困的戰況。

謠言不只是由它的「內容」構成，傳播的「形式」（是口頭傳播嗎？有使用電話嗎？是網路嗎？電視節目上有提到嗎？還是結合所有媒介？）也是不可分割的。絕對沒有「無論用哪種媒介、怎麼傳播，結果都一樣」的道理。如今存在各式各樣的媒介，所以在理解謠言時，不只要針對「內容」，而也

圖 11　1836 年刊登人面牛的瓦版

要考量「形式」。也就是說，我們需要從媒介的角度來看待其特徵。

在此補充一點。上述觀點不只用來針對現代的謠言，在探討以口頭傳播爲主流的時期的謠言時，也是必要的。

比方說，佐藤健二在《流言蜚語》一書中就針對江戶時代末期流傳的「人面牛謠言」，探討其出現在文字和文書入侵口頭傳播世界時期的可能性。

在「人面牛謠言」的故事中，一隻人面獸身的怪物出現並預言豐收和流行病，當時刊登在不少瓦版上[1]，見圖11。佐藤健二並沒有把這個故事視為傳統的異類奇譚，他認為人們使用了「件」（人字旁再一個牛）的文字來做圖解，代表這個謠言的形成不只因為口頭傳播，文字和印刷物也深度參與其中。透過這種角度來理解人面牛謠言，他批評，民俗學的口傳研究太過拘泥於過去的傳述和口頭性，對於謠言的傳述地點和時代（包括媒介）缺乏關注。的確，無論在哪個時代，我們都難以將謠言局限於口頭傳播中。

那麼，我們在思考現代謠言時，應該考量哪些「媒介訊息」呢？

---

[1] 販售於江戶時代，類似報紙的印刷物。

2 現代網路與謠言

■ 特性一：缺乏形體

如果要探討謠言，最現代的媒介就是網路了吧。

網路被批評是謠言的巢穴，因爲人們可輕易地傳播尚未證實的資訊或假消息。與大衆媒體不同的是，在網路上，任何人都可輕易地向不特定多數人發送資訊，並且能夠以匿名方式在不暴露自身容貌的狀態下發送資訊。所以才會有不經證實不負責任地散播資訊的人，和刻意散布假消息的人。網路這種「能以匿名方式在不暴露自身容貌的狀態下發送資訊」的媒介特性，有著經常讓人混淆的兩個特性——缺乏形體和匿名性。

首先，缺乏形體，要說明這點我們還需要更進一步分成**「缺少表情和動作這些伴隨語言訊息的非語言線索」**和**「缺少形體本身」**這兩個相互關聯的部分。

在直接面對面交談時，不只是談話內容而已，對方的狀態、表情、聲音的抑揚頓挫、動作（手勢）等都是一種訊息。如果對方說「我沒事」，但表情看起來卻很難受的時候，我們不會照字面接受「我沒事」的說法，而會開始思考「他爲什麼看起來很難受？」、「是不是發生了什麼事？」、「爲什麼他要隱瞞身體不舒服的事呢？」等。雖然這種非言語的線索有可能在無意間或刻意流露出來，但以文字溝通爲主的網路交流上就缺乏這些線索。爲了彌補這一點，我們會使用表情符號，或在文字上做點變化。有人說，網路上容易產生誤解的原因之一，就是因爲溝通交流時的暗示（線索）太少。

不過，待在同一個場合的意義就不只如此了。情侶或家人共度時光的時候，彼此的身體（形體）存在於同個空間這件事本身就具有特殊意義，交談的內容可以是無關緊要的事，甚至不交談也沒有關係。講電話的時候，雖然對方不在自己面前，但依舊可以共享時間。所以，沉默、不出聲是具有意義的。然而，網路上的溝通交流並不會共享彼此的時間或空間，很難感受到對方的實際存在。

我們可以在網路上和陌生人輕鬆交談，那我們在日常生活中和陌生人是怎麼互動的呢?例如，我們通常不會和碰巧搭同一班電車的陌生人說話，但我們並不是沒有感覺到對方的存在。正因爲我們完全意識到對方存在，所以才不會一直盯著對方看，而是謹愼地做出「對對方不感興趣」的行爲，就像第4章介紹的「在車廂內看書」也是爲了這個目的而存在的工具。社會學家高夫曼（Erving Goffman）將這種行爲命名爲「禮貌性忽視」（civil inattention），當我們和他人共享時間與空間時，我們會採取一些行動來維持這個「他人與他人的關係」。一旦我們做出相反的行爲，比方說如果露骨地盯著一個陌生人，對方可能會不高興，嚴重的情況下甚至會爆發口角衝突，或者對方可能會因爲不想跟你有牽扯而逃離現場。

網路上經常會爆發「網路論戰」（flaming），原因不只是缺乏溝通交流時的線索產生的誤解和匿名性帶來的不負責任言論，「缺乏形體」也是原因之一。正因爲是不用和對方面對面的網路，大家可以盡情發表那些難以當著對方的面說出來的話，不管講了什麼都不用擔心會被揍。

■特性二：匿名性

缺乏形體也和匿名性產生的問題息息相關。

「匿名性」是一個用來表現都市社會中人際關係特徵的詞語，如同字面上的意思，不只是「名字」而已，無法鎖定單一個人，無法得知具體的年齡、性別、種族、社會地位、職業等，完全不知道對方是現實社會中的什麼人物。

我們不僅知道親密友人的名字，還知道他們是什麼樣的人。不過，對於在街上擦身而過的人，我們既不知道他的名字，也不知道他的社會屬性，就這樣維持在不知道的狀態。剛才介紹的「禮貌性忽視」，就是一種維持在匿名關係下共享同一個空間的做法。然而，即便不知道彼此的名字，也不曉得彼此是誰，還是可以從容貌和外表推測出部分資訊。比方說，即使你不曉得我是誰，在路上碰見了，你就會「知道」我是個中年女性。如果看到我帶著小孩，你還會推測我是一名母親。從這方面來說，都市空間的匿名性相較而言並不高。

過去心理學家米爾格蘭（Stanley Milgram）將那些在電車上常見到所以認得長相、但卻不曾交談的陌生人命名爲「熟悉的陌生人」（familiar strangers），但這種介於親密性與匿名性之間的中間關係，也隨著都市化開始蔓延。但是，在網路上這種完全不會共享到時間與空間的匿名性，應該被視爲是不一樣的東西。

網路是在一九九〇年代中期開始普及的，當時對網路的期望之一就是，所有人可以在不受社會屬性的約束下平等地溝通交流。

都市的匿名性是「看得見」社會屬性的，網路上看不見對方的容貌和外表，也無從猜測。因此，重要的不是「誰說的話」而是「說了什麼」。人們

圖 12　從匿名性觀點區分媒介及傳播手段

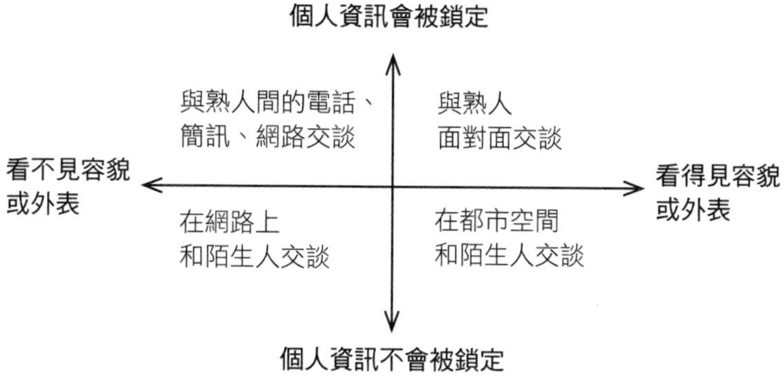

筆者製作

期待在網路上，無論是知名政治家說的話，或是默默無聞的小孩說的話，都能平等地只針對發言內容進行評價。然而另一方面，匿名性的負面影響——「正因爲沒有人知道自己是誰就採取不負責任的行爲」的可能性會提高，也是當初就滿令人擔憂的一點。

■媒介與傳播手段的區分

圖12可以解釋上述說明。

不透過其他媒介，或將自己的身體常做媒介的傳播方式，就像上角的「與熟人面對面交談」。到目前為止，謠言基本上被視為這個領域。

伴隨著都市化，右下角這種「雖然看得見彼此的容貌和外表，但無法鎖定個人資訊的關係」正在擴大。共同搭乘固定班次通勤的人、便利商店的店員和顧客之間的關係，就屬於這種「雖然共享同個時間和空間，但彼此都不清楚對方是什麼人」的關係。這種關係的人平時不會交談，或是交談內容僅限店員和顧客之間的範圍內，但如果發生什麼情況，還是會互相交談。

例如電車突然停了下來，再也沒有行駛時，乘客就會和身旁的人開始談論停車的原因，很多緊急情況時的謠言就是在這樣的關係下產生的。在緊急情況下謠言不只傳得多，也比平時傳得快、傳得遠，因為緊急情況讓這些平常完全不會交談的人開始交談了。

「透過信件、電話、簡訊、社群網站和遠方的特定對象交談的關係」屬於左上角的範圍，「保持匿名關係，在不共享時間與空間的網路上交談的關係」則屬於左下角。當然，網路上有各式各樣的交流方式。如果在網路上聊天，就能和對方在共享時間的狀態下交談。如果使用視訊鏡頭，還可以看著彼此的容貌和外表進行交談。或許將來網路交流會漸漸傾向於右上角的性質，但我認爲，以缺乏形體和匿名性做爲基礎整理出來的這個結構圖，目前仍是有效的。所以在下節中，我會以這個結構圖，來掌握謠言與媒介之間的關係。

3 手機帶來的人際關係變化

■電話與「心理鄰里」

在電話、簡訊、網路等媒介中，最古老的就是一八七六年貝爾（Alexander Graham Bell）發明的電話。

日本一八九〇年才開始發展電話事業，在第二次世界大戰之前都還沒有開始普及。即便是在戰後，直到一九六〇年代爲止，商業用途仍占了壓倒性的比例，沒有拓展至一般家用。例如，我在第4章提到的吉卜力動畫電影《龍貓》是以一九五〇年代早期的東京近郊爲舞台的作品，故事中有一幕是主角皐月接到媽媽住進的醫院發來的電報，爲了打電話通知爸爸，所以她到村裡被稱爲「本家」的家裡借電話打去爸爸的公司。在高度成長期之前，整個村莊只有一戶普通家庭有電話的情況並不罕見，通常是名門望族、非常富裕的家庭，或是商業買賣上有需求的家庭才會有電話。

進入高度成長期後，電話普及至普通家庭中，人人都可輕易和遠方的人取得聯繫。本章開頭也有介紹幾個一九七〇年代經由電話傳播謠言的案例，但理論上，一直到多數人家裡都有電話時，電話才眞正成爲人們日常生活中溝通交流的手段。像《龍貓》的情況是只有在緊急狀態下才能使用。

自從人們會在日常生活中使用電話，人與人間的關係也產生了變化。電話的普及，提升的不只是資訊傳播的速度而已。

美國社會學家阿倫森（Elliot Aronson）用「心理鄰里」（psychological neighborhood）一詞，來解釋透過電話建立的關係。這是一種不受居住物理範圍限制而形成的親密社交網絡，建立於人性魅力與共通興趣的基礎上。

有句俗諺叫「遠親不如近鄰」，表達出物理距離相近的重要性，但電話帶來的是「近鄰不如遠友」的變化。許多評論家指出，電話建立一種突破空間局限的溝通交流手段，有別於地緣和血緣，打造出地理性擴散的新關係。

但是，「心理鄰里」不僅是突破地緣或血緣的關係。社會學家中村功根據行動電話在日本逐漸普及的一九九〇年代後半，也就是使用家用電話比例較高時期的調查數據，來探討「心理鄰里」的實態，他認為有兩個重點：第一，電話基本上用於相對較短距離的溝通交流。第二，透過電話交談的對象不僅限於電話上的交往。相反地，電話上的人際關係基本上都是面對面接觸並建立的人際關係底下衍生出來的，再經由電話交流來補強這段關係。

電話其實最常被拿來用在聯繫平時就能見到面的人，並不是因為感情好就「什麼都用電話解決」，而是透過電話約定好之後再直接見面。和親密好友的交流，並不會只局限在面對面或是通電話上，而是兩者並行。當然，住在遠方的家人或親戚沒有那麼容易見到面，所以也會通電話聊天。此外，過去更有「去者日以疏」的說法。如果你和朋友直接見面的機會越來越少，兩人之間的關係就會在不知不覺中越來越薄弱。但如果雙方有意維持情誼，透過電話也是能夠維持的。

順帶一提，有一派說法認爲常常使用電話或簡訊的話，面對面就無話可說了，但許多調查數據呈現出的是相反結果。也就是說，頻繁使用通訊媒介的人，在面對面交流時也很積極。

電話這個媒介本身，其實也可以是一個在不暴露個人資訊、隱瞞容貌和外表的前提下，與他人溝通交流的媒介。隨便撥打一個號碼就能連接到不認識的對象，惡作劇電話和詐欺電話就是濫用這個性質的結果。另一方面，一九七一年以「生命線電話」爲首，開始設置電話諮詢窗口，讓有需要的人可以在匿名且不暴露外表和容貌的情況下進行諮詢，所以持續獲得一定的支持。

只不過，電話的主要用途還是在「讓人聯絡想要聯繫的對象」，而不是用來建立一段全新關係。不管距離有多遠，透過電話都可以很容易地和想要維持情誼的對象保持聯繫。

■ 手機與選擇性人際關係

一九九〇年代後半，行動電話在年輕人之間普及，許多人批評年輕人這種透過行動電話維繫的交友關係是很「淺薄」的。對此，過去我曾主張這是因爲「選擇性人際關係變寬廣了」。

這裡說的「選擇性人際關係」，指的不是以地緣、血緣、學校、職場爲基礎，無法選擇或無法輕易脫離的關係，而是**彼此可以自由選擇是否要與對方往來的關係**。年輕族群透過使用手機來維持並管理這種挑選與被挑選的關係。

行動電話屬於個人持有，並且可隨身攜帶，比起整個家庭共用的電話，更適合用在個人對個人的直接聯繫上。雖然在會議中或睡眠中這些情況下可能無法接聽電話，但行動電話不會有「不在家」的問題。此外，也不會像家庭電話一樣，不知道會由誰來接電話，基本上會接聽行動電話的人，只有持有者本人而已。

行動電話和家用電話相比，接到不認識的人打來的電話的「可能性」較低，這點相當重要。以前傾向於拿家裡或職場的電話號碼做爲聯繫方式，再加上電話剛開始普及時，「家中有電話」是一種社會地位象徵，通常會把電話號碼記載在電話名冊上。然而，由於對推銷電話感到厭惡以及個人隱私意識抬頭，一九八〇年代過後，不將電話號碼列入電話名冊的普通家庭逐漸增加。後來行動電話普及時，幾乎沒有人會把電話號碼列入黃頁裡。

日本在一九九三年行動電話邁向數位化，比家庭固網來得更早，行動電話在一九九四年開始提供來電顯示服務。一九九〇年代中期開始，尤其在年輕族群間很流行使用這個功能，先確認來電者是誰以後，再決定要不要接聽。當時，日本年輕人將這種運用手機的方式稱爲「番通」（依通知號碼選擇）。後來甚至蔓延到其他年齡層，確認來電者是誰，做好「心理準備」再接聽電話，活用「番通」已經成爲行動電話的常見用法。也有不少人決定不接聽沒有登錄在電話簿號碼的電話，或是來電號碼爲「未顯示號碼」的電話。如此一來，基本上透過行動電話聯繫上的人，就是持有者認識的人或是給過電話號碼的對象。

比起電話，人們更常透過行動電話這種形式來和想交流的對象直接聯繫。而隨著行動電話的普及，人們更傾向於優先考量個人當下選擇的對象的關係，而不是偶然存在於同個場合的關係，我將這個現象定義爲「選擇性人際關係的擴大」。

不過，這種選擇性人際關係的擴大並不全然是行動電話帶來的影響，也並不是只適用於年輕族群。一九七三年起，NHK放送文化研究所每五年會進行一次「日本人意識」調查。根據結果顯示，一九七三年起的三十五年內，無論是哪個世代的人，對於親戚、鄰居、職場的交往，追求「全面關係」的人減少了，越來越多人希望是「部分關係」或「形式關係」。追求「選擇性人際關係」而非「全面性深度人際關係」的傾向並不是「現代年輕人」特有的現象，而是適用於任何一個世代的現象。這是一個我們應該以與時俱進的「都市化」這般廣泛的背景來探討的現象。

因此，我認爲即便行動電話不是導致選擇性關係的「原因」，但在人們追求都市性（選擇性人際關係）的趨勢當中，正因爲行動電話有助建立和維持選擇性關係，所以才會開始普及。同時，透過行動電話的使用方式，也可以讓選擇性關係變得更容易維持。

■變多的「好友」

我會開始思考這種選擇性關係理論的契機，是因爲一九九〇年代後期開始進行的「行動電話使用調查」，當時經常碰到十多歲的年輕人會將一大堆「好友」加進電話簿裡，占滿行動電話的容量。

當時行動電動裝置上的電話簿最多可以新增二百筆左右的聯絡人，但這些年輕族群已經登錄了二百名「朋友」，這樣會沒辦法新增下一個認識的人，所以只好開始刪除一些只見過一次面的「朋友」，或最近不常見面的「朋友」，令我感到很驚訝。

另外，許多年輕人表示，因爲有了手機以後，和那些自然而然中斷聯繫的朋友也持續保持聯絡。比方說，就讀不同高中的國中朋友的存在普遍化以後，確立了「國中好友」、「家鄉的當地朋友」這些類別。而行動電話被用來維持這些比電話更容易維持的「聯繫」（關係）。

回答好友人數有一百人、二百人的年輕人們和當時二十歲後半的我對於「朋友」的定義顯然不同，當然也不可能因爲這樣就認爲年輕族群平均好友人數有一百個。但值得注意的是，行動電話的電話簿被用來保存「一般聯絡人」，有助維持那些雖然沒機會常見面，但畢竟住在附近，想見還是見得上面的朋友的關係。

另一方面，年輕族群的好友、死黨人數，早在行動電話普及以前就有持續增加的趨勢。例如，根據NHK放送文化研究所針對國、高中生進行的「青少年生活與意識基本調查」，從一九八二年到一九八七年、一九九二年「死黨人數」一直在增加。這樣的話，年輕族群好友人數增加的原因既不是「當時的年輕人」，也不是行動電話，而是其他因素。

而可以做爲參考的，是美國都市社會學家費雪（Claude S. Fischer）在探討都市化對人際關係的影響時的幾個論點。

根據費雪的說法，都市化並不會損害友誼關係，相反地，都市居民的「朋友」人數更多，接觸頻率和鄉村居民沒有什麼差別。如果說有什麼差異的話，那就是都市居民擁有更多非同事、非鄰居的朋友（他稱之爲「純粹的朋友」），「除了所有的特定社會背景之外，擁有更多像是『自由浮動』友誼關係的社會紐帶」。也就是說，住在都市裡的居民除了地緣、血緣、同事以外，擁有更多可以自由選擇要不要來往的朋友。

費雪在根據實際經驗探討這些論點時，將「都市」定義爲「人們的居住地及周遭的人口數」。但從「個人網絡觀點」來探討這一點的都市社會學家松本康認爲，都市不應該以單純的人口數來定義，而用「特定地方日常生活中接觸得到的人口數」會更爲恰當。如果遵照松本康的定義的話，我認爲年輕族群使用行動電話是在增加「日常生活中接觸得到的人口數」，爲個人網絡帶來了「擬似都市效應」。

■手機裡的「一般聯絡人」

接下來，行動電話普及過後，登錄在電話簿裡的熟識人數有什麼變化呢？我所屬的行動通信研究會分別在二〇〇一年及二〇一一年，針對日本全國十二歲～六十九歲以行動電話爲主的行動媒介使用狀況進行調查，讓我們來看看結果。

首先，截至二〇〇一年，行動電話普及率爲六四・四％，而在二〇一一年時提高到九一・四％。在二〇〇一年，年齡導致的使用率差

圖 13　按性別劃分的手機使用率（2001 與 2011 年）

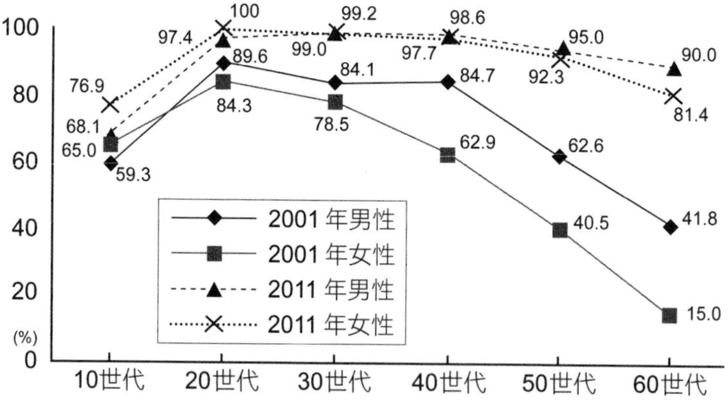

資料來源：引用自松田美佐、土橋臣吾、辻泉編著《行動電話的 2000 年代》，東京大學出版會，2014

異還很大，但這個差距在二〇一一年縮小了，由此可以看出行動電話在二〇一〇年已經廣爲普及（見圖13）。此外，行動電話用戶中會使用簡訊功能的人在二〇〇一年僅五七・七％，但在二〇一一年達到八八・二％。

由於詢問方式不同，我們無法針對電話簿的登錄筆數進行簡單比較。二〇〇一年的電話號碼登錄筆數平均有五五・六筆，但二〇一一年的聯絡資訊登錄筆數有一二八・八筆，明顯大幅增加（圖14）。此外，二〇〇一年使用簡訊功能的人仍屬

圖 14　登錄至行動電話的號碼、聯絡資訊筆數與朋友人數的變化

	登錄至行動電話的號碼、聯絡資訊筆數		平時交情不錯的朋友（1 小時內就見得到面的朋友）		平時交情不錯的朋友（見面要花 1 小時以上的朋友）	
	2001 年	2011 年	2001 年	2011 年	2001 年	2011 年
10 世代	69.5	73.9	12.7	11.9	4.4	6.1
20 世代	69.6	148.2	7.5	6.4	6.1	5.6
30 世代	58.9	142.5	5.7	5.2	4.1	4.1
40 世代	54.5	156.3	6.6	4.2	4.1	2.6
50 世代	40.9	147.7	6.2	4.2	4.1	3.2
60 世代	19.0	89.2	6.2	5.0	4.6	2.6
全 體	55.6	128.8	7.1	5.7	4.5	3.7

資料來源：引用自松田美佐、土橋臣吾、辻泉編著《行動電話的 2000 年代》，東京大學出版會，2014

少數，我們分別詢問了私人手機信箱的登錄筆數，平均爲二三・一筆。

在二〇〇一年，電話號碼的登錄筆數會隨著年齡增長而下降，但二〇一一年聯絡資訊登錄筆數最多的是四十世代（一五六・三筆），六十世代（八九・二筆）和十世代（七三・九筆）是最少的。整體來說，男性（一五一・五筆）比女性（一〇六・三筆）來得多，若以性別、年齡層劃分的話，男性中最多的是四十世代後半（二二六・〇筆），女性則是二十世代後半（一七四・五筆）。以職業劃分的話，「全職工作者」（一六五・〇筆）最多，雇用形態則以「經營者、董事」（二五四・六筆）和「自營業主、自由業者」（一七九・七筆）居多。

二〇〇一年，電話號碼的登錄筆數會隨著年齡增長而下降，其中一個原因是行動電話的普及率。一般來說，一個人會和年齡相仿的人來往。例如五十世代的女性，同世代女性的行動電話持有率爲四〇・五%，超過一半的人沒有行動電話，因此該族群「互加行動電話號碼」的情況難以成立。

另外，當我們回顧行動電話的歷史時，會發現至一九九〇年代前期爲止，行動電話的使用費極高，使用者大多是有業務需求的商務人士。但一九九〇年代中期過後，使用費走向低價化，以年輕族群爲主，將行動電話用於私人用途的方式越來越普遍。

二〇〇一年，行動電話當然還是有商務用途，但年輕族群的私人用途讓行動電話的「特徵」越來越鮮明。然而，行動電話在之後的十年越來越普遍，無論是私人用途或商務用途，都受到全面性的運用。

而中年男性、「經營者、董事」或「自營業主、自由業者」的電話簿登錄筆數之所以會很多，或許可以認爲是再加上私人好友的聯絡資訊，兩者合併起來，反映出「人脈的廣闊」。

在過去十年中，無論哪個世代，行動電話裝置裡登錄的聯絡資訊都增加了。那麼，好友的人數呢？圖14同時顯示出平時交情不錯的近距離好友（一個小時內就見得到面），和遠距離好友（見面要花一個小時以上）按年齡層產生變化。在二〇〇一年和二〇一一年也是近距離好友多過於遠距離好友，而「朋友」人數又以年輕族群較多。值得注意的是，自二〇〇一年至二〇一一年期間，和行動電話登錄筆數呈現出相反現象是，每一個世代的遠距離好友和近距離好友都減少了。社會學家岩田考從震災的影響中觀察出，這十年來的各種社會變化都有可能是原因

相反地，我想將焦點集中在「平時交情不錯的好友人數」和「行動電話裡的登錄筆數」之間的差距。這代表的是平時雖然沒有什麼交集，但想聯繫的話，隨時都能聯絡上的對象的人數。實際上，和這種行動電話裡大量登錄的「一般聯絡人」都不會有什麼往來。正如我前面所提到的，行動電話的通話對象通常是家人或經常見面的好友，簡訊也有同樣傾向。也就是說，行動電話裡大量保存的都是平時沒什麼交集的「一般聯絡人」。

當然，由於缺乏行動電話普及之前的「一般聯絡人」數據來做比較，所以都只是推測而已。或許「一般聯絡人」的數量本身並沒有什麼太大變化。比方說，行動電話普及以前，所謂的「熟人」平均有一百三十人左右，但畢竟二〇〇一年還處於行動電話普及的過程中，也可以假設是個人行動電話裡

的電話簿還沒有飽和而已。

不過，和需要查看地址簿或電話名冊、寫信、寫明信片、打家用電話的時候相比，現在我們可以很輕易地透過隨身攜帶的行動電話，來聯絡登錄在電話簿裡的對象。如同我在下一小節裡所述的，只要不麻煩，聯繫次數就會變多。只要保持聯絡，就可以持續維持自己和對方的關係。

■更廣更雜的「要事」

雖然行動電話和簡訊很方便，可以馬上聯絡得到人。但應該有不少人覺得正是因爲隨時都聯絡得上，反而變得更忙了。「聯絡得上」代表「聯絡他人」和「必須聯絡他人」的事情都增加了。

作家內田百閒在一九三九年發表的文章〈乘物雜記〉中，對火車的描寫如下：

「先有火車，後有要事」是很普通的事。比起徒步，搭乘火車固然是方便許多。但如果打從一開始就沒有火車的話，也就不會有需要到大阪處理的事了。就算火車開得再快，就算可以搭飛機出門，都比「不去」的選項要來得花時間。

和「打從一開始就沒有火車的話，也就不會有需要到大阪處理的事」同樣道理，如果沒有家用電話或行動電話的話，就不會有需要聯絡他人的事了。而因爲擁有了這些東西，就會產生「必須傳達」的要事，「要事」的性質也會跟著轉變。

在行動電話剛開始普及的一九九六年，我針對使用者進行訪問調查。有人認爲「行動電話是爲了緊急要事存在的」，另一方面，也有人反應比以前更容易收到「簡單的聯絡事項」，像是「回來的路上順便買點什麼」、「你幾點回來」。這類「聯絡事項」很明顯不是工作或私下那種「刻不容緩的要事」，但也不屬於單純的聊天，基於它有尋求某種情報的性質，所以算是「聯絡事項」。

那麼，行動電話普及過後，這些「聯絡」增加了多少呢？雖然不是以相同形式調查的結果，只能做爲參考資料，但我在此引用調查數據。

根據日本電信公司NTT一九九〇年度，針對日本首都及地方城市使用家用電話的世代及其家庭結構所進行的調查，電話撥打次數平均每週六．四次，平次每次的通話時間爲七．一分鐘。簡單計算的話，每週平均有四五．四分鐘的通話是由自己主動撥打的。

針對這點，根據東京大學情報學研究所於二〇一〇年所做的「日本人資訊行爲」調查之結果，顯示經由行動電話的語音通話次數一天平均二．〇次，每次通話時間約八．六分鐘；市內電話一天平均一．二次，每次通話時間約一〇．三分鐘。我們也簡單計算一下這個數據，把行動電話和家用電話加起來，一天平均花費在通話上的時間有二九．六分鐘。由於這個統計包含撥打與接聽，假設有一半是撥打好了，那就表示一天平均有一四．八分鐘的通話是由自己撥打的。考量到行動電話在平日和假日的使用差異，若單純將這個數值乘以七倍並不合適。即使如此，我們還是可從數據推斷出過去二十年間「聯絡他人」和「必須聯絡他人」的情況有所增加。

家用電話和行動電話的功能不僅是快速傳播資訊而已，它們讓傳達的「聯絡事項」變多，改變人與人之間的維繫方式，並逐漸成爲社會的必需品。

在思考謠言和家用電話或行動電話之間的關係時，這幾點非常重要。謠言經由家用電話或行動電話這個「工具」，在短時間內廣泛傳播。不過，使用家用電話或行動電話不只是要取代口頭傳播而已。正因爲有了家用電話或行動電話，讓人際關係以有別過去的方式維持下來，而謠言就會在這種人際關係中散播開來。或者，因爲你手邊的行動電話的電話簿裡保留著「一般聯絡人」，謠言的傳播方式也跟著改變了。在這方面，受影響最大的是經由簡訊傳播的謠言。

第 6 章

網路社會的謠言

從簡訊、長輩圖到社群媒體，
歡迎來到資訊判讀時代！

1 電郵、簡訊帶來的新溝通方式

■ 電郵與簡訊的特性

在日本隨著行動電話普及，人們更常使用電郵簡訊多過通話。

行動電話的簡訊服務是從一九九六年四月開始。當時呼叫器的傳訊服務主要在年輕族群間相當流行，接著引入了行動電話本身就能收發文字訊息的服務。電郵簡訊服務始於隔年的一九九七年，以年輕族群爲主，二〇〇〇年代早期就已經擴展到廣泛的年齡層間。如前一章所述，行動電話用戶中會使用簡訊功能的人在二〇〇一年僅五七．七%，但在二〇一一年達到了八八．二%。

圖15是引用東京大學情報學研究所所做的「日本人資訊行爲」調查之

圖 15 平均一天使用通話、簡訊的時間（分鐘）

2005 年

資訊行為		所有場合	工作場合	其他場合
		使用時間（分鐘／日）	使用時間（分鐘／日）	使用時間（分鐘／日）
電話	通話（行動電話）	7.83	2.89	4.97
	通話（家用電話）	11.71	5.65	5.65
訊息	收發簡訊（行動電話）	15.65	2.57	12.68
	收發郵件（電腦）	11.65	6.69	4.95
網路	使用聊天功能或通訊軟體（電腦）	1.79	0.17	1.50
	瀏覽網頁（行動電話）	1.36	0.22	1.06
	瀏覽網頁（電腦）	10.32	2.20	7.91
	網頁留言（行動電話）	0.14	0.02	0.09
	網頁留言（電腦）	0.96	0.09	0.88

2010 年

資訊行為		所有場合	工作場合	其他場合
		使用時間（分鐘／日）	使用時間（分鐘／日）	使用時間（分鐘／日）
電話	通話（行動電話）	8.60	3.33	5.21
	通話（家用電話）	10.25	6.58	3.65
訊息	收發簡訊（行動電話）	20.55	3.28	17.01
	收發郵件（電腦）	19.73	11.62	8.01
網路	使用聊天功能或通訊軟體（電腦）	0.70	0.15	0.55
	瀏覽網頁（行動電話）	9.47	0.81	8.37
	瀏覽網頁（電腦）	18.64	4.64	13.94
	網頁留言（行動電話）	1.55	0.41	1.13
	網頁留言（電腦）	1.43	0.47	0.97

備註：「工作場合」指「工作上」的用途，「其他場合」指包含在「穿著打扮、家事、照顧小孩和家人」「飲食」「交通」「採買、購物」「興趣、娛樂、休息、其他」上的使用。

資料來源：2011 年日本總務省資訊通信國際戰略局資訊通信經濟室《ICT 基礎設施發展對國民生活方式與社會環境的影響及相互關係調查報告》 http://www.soumu.go.jp/johotsusintokei/linkdata/h23_06_houkoku.pdf

二〇〇五年及二〇一〇年的數據，比較後可以發現，行動電話收發電郵簡訊主要用於私人用途，但電腦收發郵件更常用於「工作場合」。此外，比較二〇〇五年和二〇一〇年可以看出使用「簡訊／郵件」或「網頁」的時間的增加幅度遠大於「通話」。

那麼，電郵簡訊這個媒介的「訊息」是指怎樣的消息？通話是直接使用聲音對話，而電郵簡訊是使用文字和符號互相發送文章、詞句、圖片等視覺資訊。我在這裡想舉出在思考與口頭傳播的謠言之間的差異時，最具影響力的兩個特徵。

那就是文字媒介具備的非同步性和記錄性。尤其後者使訊息更容易複製，並可同時將相同資訊發送給更多對象，這也是數位資訊的重要特徵。

■非同步性：不用馬上回覆

首先是電郵簡訊的非同步性，這意味著交流的雙方並不會共享時間。

經常有人說電話是一種暴力的媒介。打電話的人可以在自己喜歡的時間和想聯繫的人通話，但接電話的人無論在什麼情況下都必須接聽。電話是一種撥打者處於優勢的媒介，討厭電話最常見的一個理由就是「完全沒考慮我方不方便就打來了」。

和擁有這種特徵的電話相比，電郵簡訊不需要雙方共享時間。你可以選在自己方便的時候發送，而對方也可在方便的時候閱讀和回覆。

然而根據使用方式不同，電郵簡訊也會是一種暴力的媒介。電郵簡訊功能在年輕族群間普及以後，立刻產生一種「朋友的訊息一定要馬上回覆」的壓力，國、高中生一天花費好幾個小時使用電郵簡訊，這種「簡訊依存」現象也被視爲社會問題。這是人們試圖在簡訊這種非同步性媒介上追求同步性所產生的問題，而同樣現象也出現在ＬＩＮＥ上，這是一個始於二〇一一年，風靡年輕族群的即時通訊軟體。

基本上，電郵簡訊可在不打擾對方的前提下傳達自己想傳達的事，這也是人們比起通話更傾向使用的原因之一。行動電話的普及降低了「聯絡事項」門檻，而這個門檻又因爲簡訊降得更低，使得「隨意的聯絡事項」越來越多。先用簡訊詢問對方方不方便接電話後再撥打的使用方式也很常見。

電郵簡訊做爲一種非同步性媒介的作用很大，不僅適用於年輕人間，也適用於重溫舊誼，像是和「老朋友」聊聊天或簡單的問候。畢竟沒有什麼特別事情的話，也不想打電話打擾對方。雖然收到信件或明信片會很高興，但寫起來卻很麻煩。不僅要麻煩對方花時間寫信回覆，收回信也需要時間等待。然而，對於信件和明信片的這種不愛動筆的「感覺」早已存在許久，只是隨著簡訊使用普遍化變得更加強烈。

■紀錄性：留存時間與內容

接下來是記錄性。只要不錄音，面對面或電話的交談內容都不會保留下來。但如果是互相收發文字資訊的簡訊的話，基本上彼此手邊都會留下收發的訊息內容。不僅是訊息內容，包含時間、寄件者、收件者，傳輸路徑等所有資訊都會記憶下來。此外，因爲電郵簡訊是一種數位資訊，複製起來相當容易，將相同內容發送給許多人或是轉發收到的訊息都是簡單而普遍的事。

若是透過這種方式來掌握簡訊的特徵，會發現比起面對面或電話，簡訊更適合用來有效率地向多數人傳達資訊。自東日本大震災以來，國中、國小間除了傳統的班級聯絡網之外，越來越多學校引進簡訊同步發送系統。班級聯絡網除了在災害發生後的緊急情況下容易出現電話線路不通或壅塞問題之外，傳達也需要時間，考量到資訊可能在途中遭到曲解，所以也無法傳播太複雜的資訊。相較之下，可將相同資訊同時傳達給多數人還具有保存功能的簡訊優勢更大。

此外，可以知道彼此共享相同資訊也很重要。如果收到的簡訊的收件人包含其他人的信箱，就能知道對方也共享相同資訊。無論是工作簡訊或私人簡訊，想了解這份資訊是發送給自己還是發送給多數人，不僅可從簡訊「內容」判斷，也可透過收件者清單的「形式」讀取並解釋簡訊「內容」。這種差異，概念上有點類似兩人私下交談或有其他人在場，但和口頭交談不同的是，簡訊郵件的「形式」會隨著「內容」一同被共享（時間、寄件者、收件者）並記錄下來。

具有這種特徵的電郵簡訊還可以依據內容、目的、情況，選擇要不要見面交談或通話。日本總務省在二〇〇七年針對十五～六十四歲人口進行的調查中，有個項目是詢問在各種目的和情況下最常使用的溝通交流手段。

根據調查結果顯示，最常選擇「親自見面」的情況是，「傾訴／傾聽煩惱」或「和平時就經常來往的人聊天的時候」；選擇「通話」（不區分家用電話或行動電話）的情況，多是「有迫切想知道／想傳達的事的時候」。

「電郵簡訊」則最常使用於以下各種情況中，「沒有急迫性但想知道／想傳達的事」、「邀約／受邀」、「和平時沒有什麼來往的人聊天」、「詢問／回答對方」、「主動／被動報告或確認」、「從多數人獲取資訊／向多數人發送資訊」。

從這些使用情況來看，電郵簡訊除了用於「隨意的聯絡事項」以外，還用來聯繫平時沒有來往的對象、需要留下記錄的對話或是同步聯絡多數人等。可以看出人們在使用電郵簡訊時，活用其非同步性與記錄性。

■ 長輩圖等「非日常小驚喜」

基於上述的電郵簡訊特徵，我想從三個角度來探討經由簡訊散播的謠言。第一，隨意的謠言。第二，記錄性與謠言。第三，跨媒介化的謠言。

首先是隨意的謠言，不需要特地用電話傳達的「小話題」之所以會被轉發散播，是因為簡訊比電話更容易擴散「隨意的聯絡事項」。比方說，過去就曾有「某日有藝人要來出外景」或是「電視節目正在進行連鎖簡訊實驗」的謠言不斷蔓延，最後引發騷動。當然，或許轉發簡訊的人裡，真的有人是對該藝人或節目的企劃很感興趣，也有人是認為對方感興趣才轉發的。但也正因為是簡訊，所以就算自己不感興趣，或者不清楚對方感不感興趣，還是可當成一個小話題輕易轉發出去。

過去也有幾個案例，是店員在部落格或推特上寫下藝人或運動選手等名人來店光顧的事，或有人會傳簡訊或轉發照片告訴朋友自己在街上巧遇名人。先不論事情的對錯，這些舉動已經是司空見慣的。

在過去，這種事情只會是和朋友見面時拿出來聊的「小話題」，並不會特地打電話告訴別人。不過，如果是使用簡訊的話，就能馬上告訴朋友，當下就能共享這種巧遇名人的「小確幸」。或是在巧遇外景現場時，會傳訊息給住在附近的朋友。我們會透過訊息傳遞這些日常生活中不是很重要的「非日常小驚喜」。

不管哪一種情況都不是必須知會特定對象的事，可同時發送給複數對象，抱持著「只要有人感興趣就好了」的心態，這就是簡訊的輕鬆感所建立起的交流形式。從「現在我這裡在拍攝外景」變成「某日會來出外景」的謠言，以轉變過程來看也相差不遠。

除此之外，一些結局完整像是都市傳說的故事或是可獲得幸福的「長輩圖」也都讓人能輕鬆轉發，而這些不會給對方添麻煩的內容，就這樣經由簡訊散播開來。

■經典案例：帶來幸福的信

在過去，提到明信片形式的連鎖信，最經典的就是「帶來不幸的信」，內容通常會像「不把這個內容傳出去，你就會遭遇不幸」。但在使用簡訊的情況下，往往是「把這個內容傳出去就能獲得幸福」、「大家一起捐血做愛心」這種「帶來幸福的信」或是「充滿善意的信」才有成爲連鎖簡訊的趨勢。但由於謠言的「總數」和「總量」不管在哪個年代都是無法計算的，所以「帶來幸福的信」和「充滿善意的信」的趨勢都只是我個人印象。然而，如果將簡訊拿來和明信片做比較，並思考其媒介特性的話，「帶來幸福的信」勝過「帶來不幸的信」也是合情合理的。

但也不是說完全沒有「帶來不幸的信」類型的簡訊。在一九九〇年代後期到二〇〇〇年代前期，以年輕族群爲中心擴散的一封連鎖簡訊是最好例子。內容如下：「我正在尋找犯下某個罪行的犯人，這封簡訊停在誰那裡，誰就是犯人，我會從簡訊記錄裡找到手機的持有者並殺了他。」

基於簡訊的記錄性，「從記錄裡找到持有者」的說法和過去「帶來不幸的信」那種模稜兩可的「遭遇不幸」相比，更具有現代感。然而，在網路社會的禮儀中有個普遍規則，那就是「不轉發連鎖簡訊」。第一次接觸簡訊功能的孩子也都會提前接受網路禮儀的教育，所以這種要求轉發給多數人，顯而易見的「帶來不幸的信」才會變得難以廣泛蔓延。

相反地，問題在於「帶來幸福的信」和「充滿善意的信」，這種類型的連鎖簡訊之所以會擴散，其背景主要和第二點的記錄性息息相關。

如果是對方能掌握寄件者的簡訊的話，就會讓人難以寄出帶來不幸的信。當然，還是有方法可以匿名發送簡訊，但比起不寫寄件者也沒關係的明信片，簡訊要來得麻煩多了。相較之下，爲對方帶來幸福或是呼籲對方提供一點「協助」的內容，轉發動機是基於「善意」，即使暴露寄件者身分也沒關係的內容就比較容易變成連鎖簡訊。

透過這種方式，先前提及的「獲得幸福的長輩圖」或感人的小故事就會慢慢地散播開來。只要字面上沒有要求轉發給多數人，大家就不會意識到這是一則連鎖簡訊。對方喜歡內容的話就沒有什麼問題，不喜歡的話也只要忽略就好。如果是簡訊的話，人人都可以輕鬆發送。

這種基於善意轉發的簡訊當中，最著名的是「如果世界是個一百人村莊」的故事。如果世界人口只有一百人的話，其中五十二人是女性，四十八人是男性。二十人營養不良，一人生命垂危，但卻有十五人是超重的……這個故事以統計數據爲基礎，淺顯易懂地呈現世界當前狀態，呼籲大家互相理解與合作。這個故事不僅經由簡訊傳播，更因爲德國文學研究者池田香代子所編輯的書籍和大衆媒介提及而散播得更廣泛。

池田將收錄於書中的這個故事稱爲「網路傳說」（netlore），它是一個與現實劃清界線的文本，也是現代謠言、現代傳說（都市傳說）的一種。這個新造詞源自「在網路上流傳的民俗」（民間傳說）。

此外，她指出一九九〇年的報紙上以隨筆形式刊登了被認爲是原始版本的故事，之後在簡訊轉發過程中，細節也產生改變。關於收錄於書中的故事，則是她在書籍出版時，配合統計數據修改了流傳的簡訊版本的數字。

■出於好意，卻引發騷動

連鎖簡訊迅速蔓延，也有引發騷動的情況。例如，一九九〇年代在日本各地區廣泛散播一則呼籲民眾捐血的簡訊，聲稱血庫缺乏RH陰性AB型和B型這些稀少血型的血液。呼籲的醫院名稱也在擴散過程中產生變化，這點和口頭傳播的謠言一樣，而被點名的醫院花費大量時間和人力在回覆民眾詢問。

這種簡訊可能包含也可能不包含「希望轉發給更多人」這句話。不管怎麼說，轉發訊息的人是出於善意，同時也期待轉發的對象也具備相同善意。原本不轉發「帶來不幸的信」的人，一想到自己轉發這封簡訊的舉動或許可以幫忙找到願意捐血的人也說不定，就會轉發了。

同樣有個例子也是基於善意轉發簡訊，最後卻引發騷動，就是發生在二〇〇三年的佐賀銀行擠兌事件。銀行即將倒閉的簡訊在十二月二十四日開始擴散，隔天的二十五日湧入大批提領存款的民眾，自動提款機前大排長龍。因此，銀行在召開記者會否認謠言的同時，被迫延長自動提款機服務時間。

同一天，佐賀法院受理銀行提出妨害名譽指控，針對姓名不詳的簡訊發送者進行調查，但至三十一日爲止，銀行已經被提領出五百億日圓。

根據二〇〇三年十二月二十七日《讀賣新聞》對於這個事件的報導，文中寫道：「緊急消息，據某個朋友的情報，佐賀銀行將於二十六日倒閉。建議各位明天將所有存款提領出來，相不相信是你的自由。」雖然這封時不時穿插表情符號的簡訊本身就很可疑，但同年八月，佐賀縣的佐賀商工共濟協同組合背負五十八億日圓負債而破產，約四千名會員無法拿回預備金，對於金融的不信任感已經擴散，進而導致擠兌事件。

隔年二〇〇四年二月的調查中，檢方鎖定一名據信是「發信來源」的女子並函送偵辦。然而這名女子並沒有打算對於銀行管理散布惡評，她只是在電話中聽朋友提起銀行要破產的事，便以簡訊發送給她的二十六個好友，而這就是引發事件的開端。

這名女子只是出於好意，將「聽別人說的事」用簡訊發送給更多朋友知道。如果使用簡訊，就能確實發送給許多人。收到她發送的簡訊的對象也基於好意再轉發給朋友。我們可以輕易地轉發收到的簡訊，也可以同步發送給好幾個人，再加上行動電話的電話簿裡保存著許多「一般聯絡人」。

銀行破產的謠言就這樣經由簡訊迅速蔓延。想當然耳，沒有證據證明她是「聽別人說的」，也沒有方法確認，所以這名女子就被判定是謠言的「發信來源」。

■ 謠言擴散的阻力心理

讓我們從另一個案例來思考記錄性與善意。

如同我在第2章裡介紹的，東日本大震災時，以首都圈爲中心開始散播「雨中含有有害物質」謠言，這則謠言出現在地震當天傍晚，並在第二天爆炸性地蔓延。許多人會將這謠言當成「事實」或是「有可能的事」並出於好意轉發來「通知其他朋友」。

當天東京地區的電視也大幅報導東北地區的太平洋沿岸發生地震和大海

嘯所造成的慘烈災情，也包含煉油廠發生火災的模樣，「火災影響雨水中摻雜有害物質」的內容對於許多人來說是「有可能的事」。我在周遭打聽的範圍裡，有不少人從平時沒什麼交集的人，或是多個朋友那裡收到關於這則謠言的簡訊。

然而，並不是收到這則簡訊的人都將謠言散播出去。因爲內文中含有「請大家讓更多人知道」這種連鎖簡訊的固定句型，或是在短時間內收到許多朋友傳來類似、卻有細節差異的簡訊，讓他們發現這則謠言已經變成連鎖簡訊。我們也可以說「不轉發連鎖簡訊」這一網路社會禮儀的滲透，在某種層面阻止了謠言的擴散。

此外在口頭傳播的時候，如果屢次聽到不同人講同一件事，會產生「每個人都這麼說」的想法，增加謠言的可信度。但如果在短時間內收到有細節差異的類似簡訊，反會造成反效果，讓我們更冷靜地看待內容。這些相似簡訊裡，哪個才是正確資訊？資訊來源是醫療協會？還是消防署？

再加上推特上早早出現要求「依據」的推文，也有人開始進行驗證工作。在確認了科斯莫石油公司的官方網站、地方自治團體的公告、大衆媒體的資訊等的「依據」後，證實謠言爲不實資訊，試圖阻止謠言擴散的推文也逐漸增多，所以推特上的謠言比簡訊更快平息。透過爆炸性地蔓延，謠言不僅會碰到相信的人，也會碰到許多質疑的人。

不過根據社會學家小笠原盛浩等人針對推特上的推文進行的分析，發布在推特上的傳媒資訊並不是直接讓謠言平息的原因，且地方自治團體的資訊對於澄清謠言有些有效果，有些則沒有。然而，身爲當事者的科斯莫石油公司出面否認，仍不足以做爲闢謠「依據」。在這種情況下，大衆媒體在加強認知「雨水含有有害物質」的說法是誤傳、是錯誤資訊時發揮了作用。

雖然有些人會說簡訊的使用會加快謠言擴散的速度，但由於傳播得快，平息得也快。簡訊內容以文章形式留存下來，和口頭傳播的謠言相比，資訊內容更容易受到批判性檢討，而導致謠言短命化也說不定。

■跨媒介的現代謠言

如今，謠言不只是經由一種媒介傳播。以佐賀銀行來說，先是有個女子透過簡訊將在電話裡聽熟人說的事傳播出去，接著經由簡訊蔓延開來，除了個人間的簡訊收發外，還被發表成電子報（mailing list）、發布電子布告欄上，因此擴大。

當然，也有人是透過口頭傳播知道謠言的。地震時，降雨中含有有害物質的謠言也是同時經由簡訊和推特擴散。推特上的資訊會在簡訊上傳播，相反地，透過簡訊得知的資訊也會被發在推特上。

這種以多種媒介流傳的謠言中，相當有趣的是在二〇〇〇年代初蔓延的手機「響一聲就掛斷」的謠言。

「響一聲就掛斷」指的是響起鈴聲就掛斷電話的行爲，當時的年輕人間，經常會使用這種方式留下來電紀錄，讓對方回電。但有傳言說如果碰到響一聲就掛斷的陌生號碼，回撥將會被索取十萬日圓電話費。研究這則謠言的社會學家中村功明確指出，這則謠言運用各種媒介，在形形色色的關係之間散播開來。

例如，這個酷似假車禍集團謠言的「響一聲就掛斷」的謠言，是中村功經由所屬大學的電子報收到的。內容在提醒回撥響一聲就掛斷的號碼會被索取高額費用，同時還列出需要留意的電話號碼。從他收集的其他資料中可以知道，郵局、豐田汽車、NTT公司內都流傳這封簡訊。若要說起他如何得知的，因爲傳眞的發送記錄、簡訊的發送歷史記錄都存留下來。如果是口頭傳播的話，就不會留下這些「形式」媒介的記錄。不過，就像佐賀銀行的謠言可以鎖定發信來源一樣，舉凡經由媒介散布的謠言，都能追溯傳播路徑。

然而，「響一聲就掛斷」的謠言情況，由於不存在謠言的「受害者」，所以沒有去追溯傳播路徑鎖定發信來源。相反地，謠言在散播過程中，「這是NTT內部流傳的簡訊」之說法增加謠言的可信度。

這則謠言除了透過電子報發表外，甚至還有人將簡訊內容列印出來，張貼在學校和公司的布告欄上，或是四處發放。

此外，中村功還對學生進行謠言接觸情形調查，大多數人說他們是當面聽別人說的，第二多的情況是在電視上看見的。中村功推測：「可能是原本經由簡訊傳播的謠言透過人們傳述，而散播得更廣泛。」我們可以認爲，透過當面的口頭傳播時，應該沒有詳細提及需要留意的電話號碼清單。

一則謠言會透過簡訊和網路散播，以傳單形式列印出來發放或張貼在布告欄。見面的人會以口頭傳播敘述大意，大眾媒體也會提及。現在幾乎沒有謠言是只靠口頭傳播的，只靠一種媒介也無法廣泛流傳。**現代謠言會各自採取適合的媒介來傳播，也可說是跨媒介型的謠言**。

■資訊的檢驗：有紀錄還不夠

這個例子與其說是謠言，不如說是匿名信。二〇〇四年美國總統大選期間，CBS的新聞節目提及一份文件，報導當時參與競選的小布希總統涉嫌逃避兵役。事後證明這份文件是假的，當家主播丹・拉瑟甚至爲此辭去職務。但讓人察覺出是假文件的契機並不是內容，而是字體和上標文字（111^{th}的th部分）這些文件格式。因爲文件中出現了當時還不存在的字體，還有當時的打字機無法輸入的上標文字（雖然是現今文書軟體的標準功能）。

匿名信往往是來源不明又帶著惡意散播的東西，就這些特徵來說，可說是類似傳單形式的不實謠言。如果要確認手寫文件的眞僞，不僅要做筆跡鑑定，紙質和墨水這些媒介本身也要受到檢驗。同樣的，乍看之下標準化的活字印刷也能夠檢驗，數位資訊也不例外。

當然，只要沒有引發社會問題，大多數現代謠言都不屬於受檢驗的對象。不過，和僅以口頭傳播的謠言相比，跨媒介傳播的謠言會留下各種記錄，較容易取得立足點。

關於簡訊在事後成爲檢驗對象的情況，我舉一個較爲親近的糾紛做爲例子吧。

我聽說過，有個人忍受不了媽媽友小團體間的糾紛，將過去所有人的簡訊對話內容發送給相關人員，誰在背後說了什麼話，全都攤在陽光下。只要核對簡訊記錄，是誰在說謊、誰在散播謠言，也就一目瞭然了。

想到那之後的相關發展，或許會令人感到難受。乍看之下像是透過簡訊做出和「井戶端會議」❶相同的事，但又和過去的井戶端會議有所不同。像是揭露過去的對話內容，這種不會發生在面對面的井戶端會議中的事，換成是簡訊的話就有可能了。

媒介不僅是個方便的工具，我們在運用媒介時，必須要意識到媒介正在改變，且可以改變人與人之間的關係。同時，我們也要特別留意經由媒介傳播的謠言，和過去的謠言間的差異。

---

❶古代婦女汲水、洗濯衣物時的閒話家常。

2 網路擴散效應

■多樣的資訊，謠言的溫床

那麼，網路和謠言之間有什麼樣的關係？

在第5章裡，我以缺乏形體和匿名性爲主軸，將媒介通訊整理並分類（見圖13）。按照這個分類，首先我想先探討以熟人交流爲主的簡訊通訊，接著再探討看不見容貌和外表、也不會被鎖定的網路通訊與謠言間的關係。

網路讓個人向不特定多數人發送消息變得更簡單，這個說法應該沒人反對。只要有可以連接網路的環境和連接網路的電腦就足夠了，當然現在就算沒有電腦，有智慧型手機也可以，甚至是具備網路功能的電視或電子遊戲機都可以使用。只要架設網站並公開，基本上就可以向全世界發送資訊。不，其實也不用特地架設網站，使用部落格的話，只要具備文字輸入能力就可向不特定多數人發送資訊。

在網路出現以前，大衆媒體壟斷了向不特定多數人發送資訊的權利，個人很難參與大衆媒體發送資訊的過程，而網路則大幅降低發送資訊的門檻。

此外，二〇〇〇年代中期過後，一系列被稱爲社群媒體的服務和網站開始竄起。以臉書爲首的社群網站、類似推特的微部落格、YouTube 和 Niconico 這些分享影片的網站、Ustream 等的實況平台、收集商品評價或服務評價的討論區（「價格．com」或「Tabelog」）都屬於這種類型。每一個都具備可讓用戶輕鬆評論或轉載其他用戶文章的功能，也鼓勵用戶間的交流和資訊共享，以及共同創建想法和資訊。

如果是大衆媒體的話，在資訊發送之前，會有一個有系統的機制從多個角度進行檢查。然而在網路上，每個人都可自由發送資訊，還可在不暴露容貌和外表、也不會鎖定個人資訊的狀態下發送。因此，有些人會在不經證實的情況下不負責任地發送資訊，也有人會故意發送假消息。

當然，另一方面，也有許多過去難以接觸卻很有用的資訊，像是大眾媒體無法發送的資訊或是不曾注意過的資訊，這也是爲什麼人們會説網路資訊良莠混雜的原因。不管怎麼説，網路上總是會充斥各式各樣的資訊，我們將其視爲謠言的溫床也不爲過。

■資訊的存在與擴散

然而，網路上「存在」著大量資訊，和資訊「擴散」是兩回事。有鑑於網路上「存在」大量資訊，我們必須思考應該如何正確接觸這些資訊。在眾多網頁和電子布告欄中，使用者應該要選擇什麼樣的資訊？

有種説法是從發送者，向接受者發送資訊的大眾媒體屬於推播式（Push）資訊服務，而網路則是使用者自己提取必要資訊的拉取式（Pull）

資訊服務。每個使用者各自搜尋資訊正是網路運用的基礎，包含使用搜尋引擎查找資訊，即使只是隨興瀏覽網頁，當我們點擊特定網站，也是因爲我們對該網頁感興趣，定期點擊電子布告欄或新聞群組也是因爲有自己關心的主題。

也就是說，即使可以透過網路向不特定多數人發送資訊，也不能保證那些不特定多數人確實點擊該資訊。網路上有許多資訊是單方面被拋出來卻沒有被任何人接收的。

再者，假設使用者已經接觸到網路上的特定資訊了，但如同我們目前所探討的，謠言傳播是需要一個**根據**的。即使接觸了一個資訊，我們也不會全盤相信或傳播出去。但如果是口頭傳播的謠言，我們與對方間的關係可以是一個「根據」。而消息來源不明的資訊往往不會擴散出去，因爲資訊來源和內容要受到查驗才能確保其「做爲資訊的有效性」。只要無法通過查驗，縱使真僞不明的資訊「存在」著，也不會「擴散」出去。

一般來說，目前人們認爲網路資訊的可信度還不算高。在東京大學情報

圖 16 各媒介做為獲取資訊手段的重要性評價

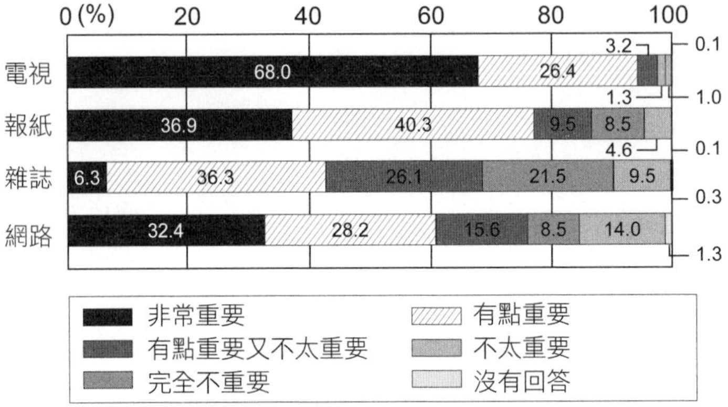

資料來源：《日本人資訊行為 2010》，橋元良明編著，東京大學出版會，2011

圖 17 各媒介的可靠性評價

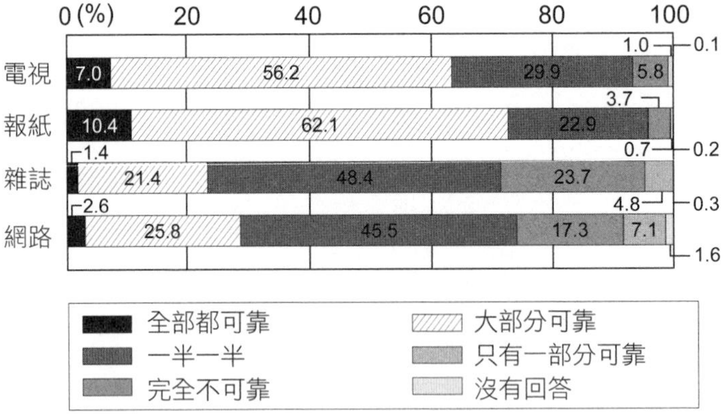

資料來源：同圖 16

學研究所的「日本人資訊行爲」調查中，其中有個項目是，「電視、報紙、雜誌這些既有大衆媒體與網路的可靠性和重要性評價」。根據調查結果，電視是人們獲取資訊的最重要手段，其次是報紙和網路。另一方面，做爲資訊來源的可信度以報紙最高，接著分別是電視和網路（見圖16、圖17）。網路的可信度有四五・五％，將近半數的人選擇「一半一半」，在可靠和不可靠間不相上下。

此外，將這份二〇一〇年的結果拿來和二〇〇五年做比較，會發現網路的重要性和可靠性都提升了，尤其是做爲獲取資訊手段的重要性更接近報紙了（選擇「非常重要」的人，報紙占三六・九％；網路占三二・四％），但可靠度的差距依然很大。

即使網路上充斥事實關係不明確的資訊，但光憑這點也難以斷定「網路上容易散布謠言和假消息」。

■找到自己的「同溫層」

相反地，網路上可以輕易地找到個人覺得最合理的資訊，也容易遇見可以共享這份資訊的對象，這點是很重要的。

如前所述，每個使用者各自搜尋資訊正是網路運用的基礎。我們可在網路上各式各樣的大量資訊中，選擇接觸自己想看的、想知道的消息。人際關係也是如此，即便在日常生活中找不到擁有相同興趣的同好，我們也可在網路上輕易找到。

興趣也好，政治爭議也罷。和擁有相同興趣或觀點的人在網路上反覆交流，進而熟識。無論有沒有實際見過面，在網路上持續交流的對象有可能會從不特定的陌生人變成「朋友」。這麼一來，網路就創造出一種新關係（連結），當然也就成爲傳播謠言的新途徑。就這層面的意義來說，**網路拓展了謠言散播的路徑**。

由於網路上的交流不受時間和空間限制，所以資訊傳播更加快速而廣泛，建立新「連結」（關係性）也是很重要的。

■ 不分眞僞的「資訊瀑布」

然而，美國法律學者桑思坦（Cass R. Sunstein）敲響一道警鐘，認爲以網路爲中心的資訊通訊技術發展可能會損害民主的基礎。

> 民主並不是單純以多數決來決定事務，而是基於共同的知識與關注問題的立場，經過討論並達成共識的過程。因此，人們有時候需要談論自己並沒有特別感興趣的問題或觀點。不過，網路的過濾技術越來越成熟，人們可以選擇只接觸自己感興趣的資訊。

當然，網路本身對許多人來說是一個開闊視野的機會，可以去接觸新話題、新想法。但也因爲網路讓想法相似的人可以輕易交流，所以增加了**群體極化**（group polarization）風險。「群體極化」指在一個群體組織的討論過程中，個人原本的主張偏向更極端的立場。網路上容易聚集想法相似的人，在這樣的群體中進行討論，人們的立場往往會變得更加激進，這是因爲人們總是可以很輕易地和觀點相同的人交談，聽見反對意見的機會越來越少。

此外，這個過程也涉及了**資訊瀑布**（information cascade）現象。面對重大事項時，大多數人沒有確切或可靠的資訊，所以不得不仰賴他人提供的資訊。當人們面對一件不熟悉的事情時，聽見一些人支持某個論點的話，就會傾向支持相同論點。隨著支持者增多，確保了這個論點的可靠度，使得越來越多人接受這個論點。桑思坦將這種資訊（不分眞僞）同時擴散出去的過程，稱爲「資訊瀑布」。

有一種陰謀論主張有股巨大權力暗中掌控這個世界，而這種陰謀論正是利用了網路通訊的特性而竄起的熱門話題之一。對於那些相信陰謀論的人來說，網路可以接觸到「事實」，還能認識許多共享相同「事實」的伙伴。這種情況在日常生活中並不常見。而在網路上這些伙伴間的討論也會往更極端的方向發展。另一方面，對於不相信陰謀論的人來說，散布假消息和不實謠言的陰謀論網站不斷增殖且變得更加極端，所以認爲網路上是充斥荒唐無稽言論的地方。

網路會被視爲謠言的巢穴不只因爲資訊量龐大而已，還有特定立場的「資訊」會聚集並增殖的特性。

■ 得到認同，比得到批評容易

然而，桑思坦所描述的「群體極化」或「資訊瀑布」都不是只會出現在網路上的現象。「群體極化」無論做爲**冒險遷移**（risky shift）層面或是相反的**謹慎遷移**（cautious shift）層面，都是社會心理學長期以來探討的主題之一。「冒險遷移」，指的是多數人偏向冒險的個人決策導致團體做出更冒險的決策，例如「紅燈的時候大家一起穿越馬路就不用怕」這樣的想法。「謹慎遷移」正好相反，保守的個人決策導致團體決策變得更趨保守。

但是，網路上容易出現「群體極化」或「資訊瀑布」現象可能是因爲人們的互動都會被保存並公開。日常生活中不僅能夠認識的人有限，面對面的交談內容基本上在當下過後就消失了。在談論某個主題時，人還需要在場才行。

相對的，網路上總是會提供各種資訊以及讓各種人進行交流的平台。所以每個人都可以去接觸那些平時沒什麼機會交流的意見和立場，還可以在自己方便的時候參與討論。因此，這種突破時間和空間局限，讓想法相似的人容易聚集在一起討論的模式，就有可能促成「群體極化」現象。

此外，在網路上也很容易看清周遭的情況。正確來說，是可以看見個人想看到的「周遭情況」。在日常生活中，想要掌握周圍的人對某個主題的看法並不容易。在和朋友一對一或是在小團體裡聊天時，大致可以推測出周圍的人認爲什麼樣的資訊或想法是理所當然的，或是自己的想法是不是屬於少數派等，但實際上卻沒有什麼機會問問許多人的想法。

另一方面，我們在網路上可以接觸到許多支持個人期望的立場的資訊。在透過搜尋或連結來接觸特定立場的資訊時，容易誤認爲這就是多數派的想法。**在網路上的衆多資訊裡，找到支持自己認同的資訊的人，要比找到反對**

派的人來得容易得多。

這麼一想，網路的開放性促進了「群體極化」和「資訊瀑布」，而不同立場的人看來是在助長「看似謠言的言論」。然而，桑思坦的論點也引來許多批評，有實證研究結果顯示，網路使用者並不會選擇性地只接觸他們想看的資訊。隨著網路的使用越來越普遍，我們需要繼續探討的不是網路技術的潛力，而是人們實際接觸資訊的情況。

■開放性，反而帶來抑制效果

我們將焦點轉回網路的開放性，**網路的開放性在某種層面是會抑制謠言傳播的**。

謠言在人與人之間傳播時，通常會採取「這個祕密我只告訴你一個人」的形式，或是經由私人途徑傳播公家機關和大眾媒體還沒發布過的消息也都會被視爲謠言。

無論是哪種方式，謠言會在發送者與接收者間建立起「特殊關係」，並不只是機械式的資訊傳播而已。簡訊也是相同情況，不管寄件者有沒有同時發送給其他人，但他也發給了「我」。就算對簡訊內容有所疑慮，我們也很難對寄件者的「好意」流露出懷疑態度。

但是，網路上的資訊不只是發給「我」，而是公開給廣泛大衆的。即便「我」獲取資訊，也沒有必要「感恩」資訊發送者。在電子布告欄或推特上，眞僞不明的可疑資訊底下往往會有「來源呢？」的留言，如果無法提供具有說服力的來源，被視爲造謠或假消息的情況也很常見。由於網路上的交流並不是針對特定對象，所以我們不會做「個人式查驗」（那個人說的是不是眞的？），而是探討內容本身的有效性。

除此之外，所有人都看得見公開在網路上的文字的狀態，也會產生其他效果。正如我先前多次敘述的，有些人會不經證實就不負責任地散播資訊或刻意散布假消息。我們經常會看見以誹謗中傷和詐欺爲目的的文字，但在另一方面，我們也有很多機會看到不求回報的自願互助。

■看得見的「互惠原則」

社會心理學家池田謙一，正在探索網路上的一般互惠受到高度認可的原因，也就是將「互惠式互動可視化」的制度設計。

當我們在思考「為了彼此」或是「布施者，必獲其利益」這種「行為與回報」之間的原理時，有個關鍵字叫「互惠性」。「互惠性」可分成「這是一個今天我幫助別人，改天我碰到麻煩時就會有人來幫我的世界」的一**般互惠**，以及「今天我幫助這個人，總有一天他也會來幫助我」的**特定互惠**。而池田認為，「一般互惠」在網路上獲得高度認可的原因，可能是出於網路的機制。

池田等人進行日本全國調查的結果顯示，對於他人的信賴度，網路外的現實世界高於網路世界，而一般互惠則是網路世界高於現實世界。

具體來說，在「我可以信任大多數的人」和「我有自信區分出能信任和不能信任的人」兩個項目上，比起網路世界，對於現實世界做出肯定回答的人數更多。而「特定互惠」在現實世界中更受青睞，但對於一般互惠的支持度，網路世界卻比現實日常世界要來得高。

如果把「如果網路上有人對我很好，我也會想在網路上對別人好」。換成「布施者，必獲其利益」，或許會更容易理解。池田表示，這種「一般互惠」之所以會獲得高度認可，是因爲對他人的信賴度是看不見的，但互惠的**互動**是看得見的。

問答網站就是其中一個例子。在問答網站上，回覆問題的優秀答案會獲得高度評價，並且會以醒目的「最佳解答」呈現在網站上。而「看得見」評價這件事，會觸發下一個互惠行爲。不斷反覆這樣的過程會累積互惠性，進而抑制不可靠的資訊傳播。透過這種維持「一般互惠的制度設計」，即使對於在網路上交流的他人所抱持的對人信賴度很低，還是可以在網路上和他人進行良好的交流互動。

實際上，商品或服務的評價網站也透過引進用戶互相評價機制，來防止故意散播假資訊、不負責任的資訊及業配文，但其實接受業者或利益提供者的好處進行業配的人也經常被「識破」。

網路上的發言是所有人都看得見的，而且會被保存下來隨時任人查看。在維持匿名性的同時，也能獲得做爲消息來源的可靠性。如果是這樣的話，網路的開放性，可能有助於在網路上建立一個不是謠言巢穴的平台。

■ 不可抹滅的紀錄

公開在網路上的內容不只是當下進行的交流而已，還包括截至目前爲止的所有記錄。

《朝日新聞》二〇一三年九月二十六日的早報報導，有一篇兩年前發布在匿名部落格上的文章在網路上造成話題，最後鎖定文章的作者是一名經濟產業省官員而引發騷動。其實只看部落格的單一文章是很難辨識作者的，但可以透過以前的文章找出和工作相關的發言，再和網路上其他資訊進行比對，最後鎖定了作者的身分。

為什麼兩年前的文章會突然造成話題？其實光看這篇新聞報導可能無從得知，但這個人還有寫下其他激進發言，網路上發動肉搜行動，而和他的職業有關且備受關注的問題發言是兩年前寫下的：「那些不敢直接說不需要復興的政治家，最好都死一死。」之後，在經產省掌握實際情況並討論處分時被新聞報導了出來（也有可能是報導出來才開始討論處分）。

即使本人刪除文章內容或照片，記錄仍然會存留在網路上。只要有人轉發就會擴散，會有更多人保存下來。正因為是數位資訊，所以可以輕易複製，想要刪除所有記錄是不可能的。因此，即便是錯誤資訊，一旦在網路上散播以後，就難以訂正或刪除。

■歷史文章：謠言的火種

搞笑藝人菊池聰的著作《突然間，我成了殺人犯。》中記錄著他被網路上毫無根據的謠言中傷誹謗和飽受恐嚇的十年，以及遭遇網路中傷時的應對指南。關於原本平息的謠言死灰復燃的經過，他推測契機是某本書的出版，導致尋求資訊的人們上網搜尋的結果。

事情的來龍去脈是這樣的。一本剛出版的書，其中一個小節如此寫道：「有個犯人出獄以後，組了搞笑組合在演藝圈出道。」書中確實沒有明確寫出搞笑組合或菊池的名字，但大眾如果好奇這個出道的人到底是誰就會上網搜尋。然而搜尋結果出現的卻是從以前就流傳的毫無根據的謠言。謠言開始復燃，突然又冒出許多誹謗和恐嚇菊池的發言。

在網路出現以前，謠言只能傳一時，即便飽受謠言困擾，隨著時間推移，人們注意力轉移過後，謠言逐漸被遺忘是常有的事。但電話、簡訊、網路等媒介的普及增加謠言散播的速度，一旦證實謠言並非事實就會導致一些謠言短命化。流傳在東日本大震災時期的有害物質之雨的謠言，就是一個典型例子。

然而，過去的謠言仍會在網路上存留下來。一旦謠言傳開，即便當下澄清發揮了短暫效果（雖然菊池的情況並非如此），不曉得闢謠經過的人在日後搜尋，還是會找到相同的謠言，這就會成爲謠言復燃的新火種。**網路，是謠言的儲藏庫**。

網路上會留下大量記錄並且可以透過搜尋找到，這也會導致其他問題。現今，許多人會在部落格、臉書或 YouTube 留下自己的言行。有些人是自己寫、自己上傳影片，有些人可能是在不知情的情況下被朋友發布在網路上。桑思坦在著作《關於謠言》（*On Rumors*）中提到，記錄不僅永遠留存下來，還有被斷章取義或被刻意捏造的危險。

在眾多發言當中，總會有一、兩個不恰當的言論。年輕時的開玩笑、喝醉酒的失態等，沒有一個人在人生中是完全沒有不適當發言的。在網路出現前，這些事都不會被記錄下來，隨著時間流逝逐漸被淡忘。

但在擁有網路的社會裡，一切都會被記錄、共享，隨時都會被搜尋而復活。比方說，你和一群朋友喝醉胡鬧的照片（不值得誇獎，卻也不該是受撻伐的對象）對你懷有惡意的人可能會加以利用，裁切掉「大家一起胡鬧」的文字，截取下的部分就成爲你平時就是會做出這種言行舉止的人的「證據」。

這個手法通常會用在捏造不實謠言（帶有惡意散播的謠言）上。

■網路匿名性的迷思

二〇一二年起，歐盟一直致力於網路個人資訊的「**被遺忘權**」法制化，也引起世界其他國家和地區的關注。除了表達自由以外，人們有權利要求資料管理員刪除個人資料並停止流通。但可以要求刪除的範圍有多大？該向誰提出刪除要求？「知的權利」會不會受到「被遺忘權」這個盾牌的威脅？還有很多課題要討論。

當然，網路上會記錄下來的不只是交談的內容而已。二〇〇二年「服務提供者責任限制法」正式施行，在網路或行動電話電子布告欄上遭到中傷誹謗、張貼個人資訊、侵犯個人權利的情況時，人們有權利要求服務提供者或電子布告欄管理員刪除相關內容，或提供發送者的個人資訊。

不過，資訊披露請求和刪除請求都需要時間，個人往往難以獨自處理。

雖然常有新聞報導在網路電子布告欄上發布犯罪預告的嫌疑人被捕消息，但那是因爲案件被歸類爲刑事調查處理，具有法院命令或搜查令。二〇〇八年日本警察廳接獲名譽損毀、中傷誹謗的相關諮詢件數超過一萬件，但立案件數卻只有幾百件（在警察廳發表的《網路犯罪偵查概況》中，名譽損毀的取締件數，和違反興奮劑取締法等藥物犯罪、反賣淫法、兒童福利法、預防犯罪所得移轉法、藥事法等，並列爲「其他案件」，而這些「其他案件」的總數量不到一千件）。

儘管如此，更重要的是網路上的任何發言必定會留下線索。二〇一三年八月，日本大型網路論壇 2ch 的個資外流事件造成話題。當時包含信用卡資訊在內的個人資料對外流出，甚至連「誰寫了什麼」都曝光的嚴重事態更是備受注目。實際上在那之後，有一名在 2ch 上口出惡言和誹謗他人的作家在官方網路上發表道歉文。即使人們認爲自己是在完全匿名的狀態下發言，但只要連結發送者的線索被記錄下來，還是隨時都有可能曝光。

網路在剛開始普及時就一直強調其匿名性，並不斷摸索一個可以自由地、平等地傳播資訊的平台，但被濫用、牽涉犯罪行爲的危險性也漸漸被視爲一個問題。網路的匿名性並非完美無缺，不同於面對面的交流，一定會留下記錄。相反地，在都市空間裡的一面之緣，雖然看得見容貌和外表，但實際上匿名性高了許多（不過，現在都市空間裡的相遇，通常會被監視器記錄下來）。

■ 素未謀面的較勁

網路上有在不暴露容貌和外表、隱瞞個人資訊的狀態下交流的平台，也有使用眞實姓名或暱稱這種能鎖定眞實身分的交流平台。

被歸類在微部落格的推特，可透過眞名或匿名形式向不特定多數人發布推文，和各式各樣的人互動交流，但雖然是公開發布的推文，也有人只和現實朋友進行互動。社群網站主要是和平時經常往來的朋友，或是以前的朋友互動的平台，但也有人是經由社群網站認識，多次互動後感情變得越來越好。

二〇一三年夏天，在推特和臉書上發布「惡搞照片」的年輕人引發話題。「惡搞照片」指的是躺進便利商店的冰櫃、鑽進廚房的冰箱、躺在食物上、將食物貼在臉上等，大多是便利商店或餐飲店的工讀生胡鬧拍下的惡搞照片。上傳這樣的照片後，就像本經產省官員的部落格騷動一樣，從照片裡的人、上傳者的資訊到上傳者的名字或拍攝地點等，陸陸續續被肉搜出來，相關資訊都被暴露到網路上，引來大衆撻伐。看見照片的人紛紛向店家抱怨、客訴，導致店家被迫停業或重新開業，造成巨大損害。

往前追溯到二〇〇〇年代中後期的話，日本原產的社群網站 mixi 上經常有人發表未成年飲酒、酒駕、偷竊、逃票、作弊等的文章，進而引起騷動。mixi 在二〇〇四年推出服務後，成爲二〇〇〇年代中期最受日本年輕人觀迎的社群網站。早期的 mixi 用戶大多都是使用本名發表，這種情況就能直接鎖定本人，即使是用暱稱發表也能根據內容輕鬆肉搜出本人的身分，當事人的所屬單位會收到投訴，甚至是被轉貼至 2ch 上，引來公衆撻伐。接獲「通知」的大學會透過網站發表道歉聲明，並輔導學生使用社群網站的注意事項。

■少了「來龍去脈」，所以容易過度解讀

以下兩點經常被指出是造成這一系列騷動發生的原因：一是**缺乏對網路開放性的理解**，另一是**希望引起群體內部關注的心情**（另外，造成問題的不是行爲本身，而是行爲被發布在網路上）。

我們先前已經討論過網路上的交流內容被公開這件事，推特或臉書的公開範圍可以是未指定或指定好友圈，都取決於用戶的偏好設定。對所有人公開時，雖然可能有不特定多數人在看自己的發言，但通常只有自己的朋友或熟人會回應，很難意識到有「陌生人」在看自己的發言。當「陌生人」在看你和朋友間的玩笑話並感覺到有問題時，「陌生人」會在網路上廣泛散布你的發言，導致發生前述的「資訊瀑布」。

即使限制了公開範圍，只要其中一個人將發言複製貼上到網路上的公開場合的話，其實意思也是一樣的。發言的當事人，可能會想：「爲什麼要對我和朋友間的玩笑話大驚小怪？」但網路上的發言，不能只用「朋友間的對話」爲由解決。

那麼，爲什麼不能說只是朋友間的玩笑話呢?假設年輕人在城裡嬉鬧，在居酒屋裡喝醉吵鬧好了。目擊這一幕的「陌生人」或許會皺眉，但他能從「年輕人嬉鬧」、「醉漢的吵鬧」的情況下理解這些行爲，並不會因爲他是「陌生人」就無法理解，但網路上的交流互動往往沒有線索可以去理解這些行爲的背景。

過去美國歷史學家波斯特（Mark Poster）曾在著作《資訊的模式》（*The Mode of Information*）中指出，在不受時間和空間拘束的電子媒介傳播中，缺乏背景會形成一種新的說話情境。

比方說，我們來思考「你好乖」這句話。這句話可以有各種含義，取決於誰對誰說的，以及什麼情況下說的。「好乖」可以是字面上的誇獎，也可以是在諷刺老是搗蛋的小孩，甚至也可以是對朋友說的玩笑話。發言內容的含義並不是由說話者決定的，而是在溝通交流的互動行爲中決定的。

我們可以想像成自己的玩笑話讓對方不高興的情況，雖然有時候不理解玩笑話的人會被說「幹嘛這麼認眞」、「眞不會看場合」，但有時候也會是說玩笑話的人要道歉並請求對方諒解。

另一方面，網路上的通訊內容並不是在特定的時間針對特定的人發送的。因此，除非內文寫明「這是發送給誰的，是認眞的還是開玩笑的」，否則第三者無從得知發言者期望的背景（雖然面對面交談，也不見得發言者期望的背景會發揮效果）。由於內容欠缺背景，因此網路上的發言可以被拿來做各種解讀，「朋友間的玩笑話」沒能獲得理解也是無可避免的事。況且，也有不少情況是基於惡意扭曲，或忽視背景。

■社群網站：自我的舞台

關於希望引起群體內部關注的心情，其實這種心情並不限於網路上。每個人或多或少都渴望獲得他人的欣賞和關注，但在「互動可視化和記錄化」的推特或臉書上，這種心情會上升擴大。

這是因爲個人發表的內容越是有趣，獲得的回覆也就越多。推特上有轉推，臉書上有分享，個人的發言會透過這種形式擴散出去。在推特或臉書上，可以看見外界對自己的評價。

不僅如此。點開推特或臉書時，第一眼看到的通常不是自己的發言，而是別人的發言。我們可以看見朋友吃了什麼、去了哪裡、和誰在一起，而自己也會看見這個發言得到他人的留言和「讚」。我們可以看到他人對於朋友的日常生活和人際關係的評價，反過來說，朋友也看得見你的日常生活和人際關係，還有其他人對於自己的評價。

這樣一來，人們在推特或臉書上寫下一些讓自己看起來很好的發言也不是一件多不可思議的事。即使沒有「現充炫耀」（炫耀自己現實生活中過得很充實）的打算，比起讓人看了會擔心或焦慮的東西，你會更傾向寫下令人愉快或高興的事情。我們會選擇寫下能提高自己評價的內容，而不是降低評價的內容。

網路上的發言往往欠缺背景。此外，推特或社群網站這些平台不只是和他人交流的地方，還是一個建立「我想向他人展現的自己」和「我想向自己展現的自己」的地方。如果這麼理解的話，這一連串的騷動就不是想靠惡搞出風頭的部分年輕人所引發的特殊事件，而是個更加普遍的問題。

■「認同請分享」的溫馨小品文

推特和臉書上經常流傳一些簡短的「溫馨故事」，例如以下。

一名年約五十多歲的白人女性在機艙內就座後，

發現坐在身旁的是一名黑人男性。

她叫來空服員，連周圍的人都感受得到她非常憤怒。

空服員問道：「您需要什麼服務嗎？」

「妳看不出來嗎？」白人女性説。

「我旁邊的是個黑人啊，在他旁邊我坐不下去，幫我換個位置。」

「這位客人，請您先冷靜一下。」空服員説，「很不巧，本航班因爲處於客滿狀態，我現在再去確認是否有其他空位。」

幾分鐘後，空服員回來如此説道：「這位客人，如同我剛才所説的，本經濟艙處於客滿狀態。但剛才我向機長確認後，得知頭等艙仍有空位。」

接著，在女性顧客要開口説話前，空服員又接著説道：「我想您應該可以理解，敝公司基本上不會將經濟艙座位變更至頭等艙的。但如果有乘客不得不在令人不愉快的乘客身邊度過飛行旅途的話，對敝公司來說是一件非常羞恥的事，情況當然就不一樣了。」

接著，空服員轉頭對著黑人男性說道：「這位客人，如果您不介意的話，可以麻煩您收拾一下行李嗎？我引導您至頭等艙座位。」

附近的乘客揚起一陣歡呼聲，白人女性只能錯愕地看著，甚至有人起立鼓掌。

根據專門收集網路上各種假謠言的網站「Hoax-Slayer」，這個故事至少源自一九九八年，雖然當時舉出許多航空公司的名字，但沒有證據表明這件事確實發生過（網站中介紹的版本是發生在巴西南美航空上的事，最後還補上一句「反對種族歧視，認同請分享」）。

除此之外，還有在路上受到陌生人的熱心幫助、名人的不為人知的善行、家人間的溫暖故事等，這種任誰聽了都覺得是「溫馨故事」的內容會透過轉推、分享、轉發到部落格上而散播出去。也有不少情況會備註「擴散希望」或「覺得感人的話請分享出去」等訊息，大多數的故事都讓人誤以為是「眞實故事」，但其實以前早就流傳過類似故事，不然就是有些內容前言不搭後語。

■網路謠傳與表現欲

爲什麼「溫馨故事」會在網路上流傳呢?因爲推特、臉書、部落格都是可以建立出「我想向他人展現的自己」和「我想向自己展現的自己」的地方。

人們不會轉推或分享所有在推特或臉書上看到的文章，也不會去部落格的每篇文章底下留言。那是因爲對自己來說並不感興趣，也不覺得有多「讚」。

另一方面，「溫馨故事」人人喜歡。反過來說，正因爲是人人都喜歡的

「溫馨故事」，所以才會成爲網路傳說（網路上的都市傳說）。在傳播的過程中，會再添加許多人的期待和願望，變成一個「更加溫馨的故事」。大眾感興趣的「溫馨故事」很容易在推特或臉書上獲得評價，收到眾多留言，不斷轉推和分享，吸引到更多「讚」。

在「他人評價可視化」的推特和臉書上，想要吸引他人對自己的評價，「溫馨故事」是最好的素材和題材。當然，許多人感興趣的話題不只是「溫馨故事」而已，還有其他題材，美麗的風景、可愛動物的照片、偶然拍到的有趣照片或影片，有起承轉合的小故事或小失敗的經驗分享也都很受歡迎。

「溫馨小故事」之所以經常在推特和臉書上流傳，是因爲網路就是網路傳說的儲藏庫。某個網路傳說廣泛散播，一段時間後就被淡忘。然而，它並不是完全消失，而是基於網路出色的記錄性被保管在可以搜尋的儲藏庫裡。所以，改天這個故事的魅力被其他人發現後，又會再次散播開來。

3 謠言社會的生存之道

■各種媒介的使用狀況

我在第4章裡指出，大衆媒體提供的「共同話題」，早在網路出現前就開始衰弱了。然而，我們有必要更謹慎地探討這個現象。

目前有多少人每天使用網路呢？

前文提過的東京大學情報學研究所「日本人資訊行爲」調查，在二〇一〇年六月以日記形式記錄了一般人平日四十八小時的行動。

根據調查結果顯示，最常進行的資訊行爲是「看電視」，一天平均一八四・五分鐘（行爲者比例九一・四％），其次是「和人交談（包括開會）」

的一一三・九分鐘（同，五七・〇%），接著是「使用電腦作業（用 Word 建立文件，用 Excel 計算等）」的三八・五分鐘（同，一六・八%）。而使用網路相關的是「用手機讀寫簡訊」的二〇・六分鐘（同，四七・八%）最多，再來依序是「用電腦讀寫郵件」的一九・七分鐘（同，二七・〇%），「用電腦瀏覽網頁」的一八・六分鐘（同，二二・一%）。

所謂「行爲者比例」，指的是當天進行該行爲的人占總調查人數所占的百分比，例如「看電視」的行爲者比例有九一・四%，意思就是超過九成的人在進行，但「使用電腦作業」的人只有兩成多。「用電腦瀏覽網頁」的平均時間只有一八・六分鐘，是因爲進行這個行爲的人只有二二・一%，如果只計算「用電腦瀏覽網頁」的人的平均的話，一日平均長達八四・四分鐘。

在推特或臉書發表文章屬於「用電腦在網頁上發文」，但行爲者的平均時間爲六七・三分鐘，行爲者比例是二・一%，所以整體平均時間只有一・四分鐘。「用電腦看網路影片」也是一樣，行爲者的平均時間長達七八・五分鐘，但行爲者比例只有四・〇%，整體平均時間算下來只有三・一分鐘。

從這些結果可以看出，儘管網路普及，但仍有許多人每天都在看電視，一天平均花費三小時以上在收看電視。另一方面，使用網路的行爲者比例最高的是「用手機讀寫簡訊」的四七・八％，所以並不能說大多數人每天都會使用網路。但是，如果只看使用者的話，他們在各自的行爲上所花費的時間並不短。

這些資訊行爲也會因爲年齡產生巨大差距。例如，收看電視的時間在六十世代中，包含非行爲者在內，整體平均時間也長達二六〇・〇分鐘，且隨著年齡下降而縮短，十世代只有一一二・九分鐘。相同趨勢也出現在「閱讀報紙」上，最長的六十世代有三七・二分鐘，且隨著年齡下降而縮短，十世代只有一・七分鐘。

「用手機讀寫簡訊」卻完全相反，十世代有四九・九分鐘，但隨著年齡增長而縮短，六十世代只有五・二分鐘。此外，用電腦讀寫郵件的時間最長（三七・九分鐘）的是四十世代，可以推斷出是用於工作上。

無論如何，很多人每天都會接觸電視，但使用網路相較之下就沒有那麼普遍。有人說網路普及造成「電視脫離」現象，但其實人們並沒有完全不看電視。

■不讀報的現代人

此外，在日常生活的使用時間中，「報紙脫離」現象確實在惡化，但也有許多網路上發生的事是透過報紙才擴散出去的。前面提到的推特或臉書的網路論戰事件，也有不少人是透過報紙和新聞，而不是透過網路才知道的。我舉一個例子。

二〇一三年八月二十九日，北海道札幌市一間面臨經營危機的久住書店，在網路群眾募資平台 Shooting Star 建立一個專案。群眾募資，指經由網路募集不特定多數人的資金或協助。久住書店將目標金額設定在三百萬日圓，上架了名為「打造一個充滿夢想和希望的『奇蹟書店』。從國中生的書架開始」的專案，並在一個月後的九月二十八日達到目標金額。

兩星期後的九月十四日，《北海道新聞》晚報刊登了介紹這個募資專案的報導，文中寫道：「目前募集到的資金只有目標金額的八％，還有很長的路要走。」然而在報紙刊登以後，支持者人數開始增加，九月二十二日《朝日新聞》也刊登相關報導，最後在二十六日達成目標。我們可以在網路上找到這段期間的來龍去脈和支持者的留言，但可以看出報紙的報導，讓這個專案廣為人知，並擴大了支持圈。

當然，如果沒有網路這個平台的話，群眾募資就無法成立了。從大量人群中收取少量金額來籌集專案需要的資金，正因為是網路才有辦法建立出這種機制。然而，光是發布在網路上是無法傳達給潛在出資者的。因為透過報紙這個大眾媒體的曝光，該專案才能夠聚集更多合作伙伴。在這層面上，大眾傳播媒介對於大眾的影響力，至今依舊沒有改變。

此外，報紙或電視上的新聞也經常在網路上造成話題，電子布告欄或部落格也因為報紙報導的契機，引發討論和意見交流。推特上經常會有「實況」當紅電視劇或體育賽事的推文。雖然有網路偶像的存在，但網路上點閱率最高的娛樂新聞，通常是活躍於電視或電影中的名人，以職業運動爲主的體育新聞也很受歡迎。即便是業餘體育賽事，現在也很少比賽不以電視播出爲前提的。

再者，如前所述，電視是做爲獲取資訊最重要的手段，其次是報紙和網路。另一方面，做爲資訊來源的可信度以報紙最高，其次是電視和網路（見圖16、圖17）。不過，**網路是個比電視更常被拿來當成資訊來源的領域**。

圖18同樣是東京大學情報學研究所在二〇一〇年進行的調查，調查結果比例顯示的是網路使用者透過電腦在電視和網路之間，選擇自己在各個領域獲取資訊的手段。在新聞和天氣預報領域，較多人選擇電視。在「旅遊、觀光資訊」、「購物」領域，較多人選擇網路。「健康、醫療相關」和「美食資訊」則是不相上下。不過，和二〇〇五的結果相比，在「旅遊、觀光資訊」、「購物」兩項中，選擇使用網路的人數大幅增加。從廣義上來講，**新聞選擇電視，娛樂資訊選擇網路**。

圖 18　來自電腦的網路使用者在各種資訊領域中，對於電視及網路的使用率

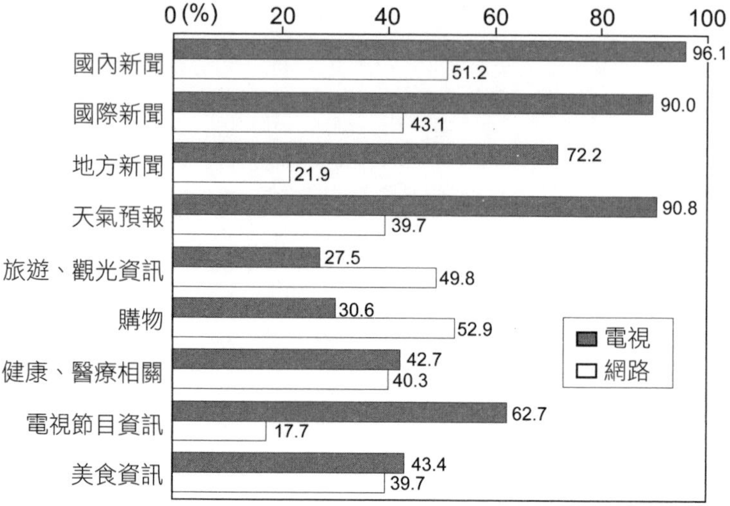

資料來源：同圖 16

不僅如此，即便大家回答網路，網路上也是有各種發送資訊的主體。一般而言，比起個人匿名發布的內容，報社或電視台公布的資訊會被視爲更可靠的「資訊來源」。此外，如果是政府或企業在網路上發表的官方公告，也會被視爲可靠的「資訊來源」。

社會學家小笠原盛浩等人的實驗中，大眾媒體的推文比個人的貼文更受

信任，並且會提高行動意向。在圖18中，有五一．二%的人將網路視為「國內新聞」的資訊來源，但大多數內容應該都是從報紙或電視這些既有媒體上傳到網路上吧。

當然，網路上和既有的大眾媒體不同，也有個人行動的記者或以公民身分做為公民記者一邊過著日常生活，一邊採訪、報導新聞。我並不會貶低這些沒有網路以前相當困難的新聞活動。然而，大眾媒體的巨大影響力因為網路的普及產生了矛盾。

■有聲譽「損害」，那聲譽「利益」？

比方說，我們來思考一下聲譽損害。聲譽損害，指人們根據不明確的資訊採取的行動所造成的結果。因為難以鎖定加害者而且涉及許多人，所以通常被視為是謠言造成的損害。但下面這個案例呢？

我們假設時間是在東日本大震災過後的一、兩個月。

沒收到東北地區的供應商是否受到影響的消息，打電話又太打擾對方，所以還是算了。但根據新聞報導，東北地區的公共建設還沒修復完成，總是還是先找其他供應商下訂單吧。

如果有更多企業做出這樣的決定，許多沒受災害影響的企業，在經營上自然會越來越困難，也會導致聲譽受損。像這種因個人猜測而引發的聲譽損害和謠言無關，但也沒有過度將東北地區的供應商視爲危險，只是個人根據報導所獲取的資訊而進行合理猜測，只不過做出來的決定是判斷錯誤而已。

或者是東京電力福島第一核電廠事故毫無收拾的頭緒，「整個日本」在不清不楚的情況下遭受聲譽損害，日本產品和日本觀光旅遊被他國敬而遠之。與其把原因怪罪於個人談論的謠言，不如歸咎於日本政府的官方公告以及可傳達消息的大衆媒體。

聲譽損害其實並非來自謠言或「不明確的錯誤資訊」。政府的官方公告、大衆媒體的報導、網路資訊、個人聽見的謠言或評論，再加上個人知識和信念，個人基於各方資訊所採取的「合理行爲」，卻引發意料之外的結果，就是所謂的聲譽損害。導致聲譽損害的過程和第1章介紹的「自我實現預言」是同樣的，只是契機有所不同。

專門研究防災資訊理論的關谷直也先生，將聲譽損害定義爲「某個社會問題（事件、事故、環境污染、災難、經濟衰退）在經過媒體報導後，人們開始將本來『安全』的東西（食品、商品、土地、企業）視爲危險，因而中止消費、觀光、貿易等行爲所造成的經濟損失」，並指出聲譽損害的原因是媒體報導。

我們稍微修改一下關谷直也對於聲譽損害的定義，來思考如果是相反的狀況，「某件事經過媒體報導後，在大眾之間越來越受歡迎，甚至活絡了消費、觀光、貿易等行爲造成的經濟利益」。這屬於大眾媒體散布資訊後，獲得良好口碑和人潮的案例。若要命名的話，不妨稱做「聲譽利益」吧。在這種情況下通常會說是「好公關」、「行銷成功」或「意料外的宣傳效果」，這不但不會被視爲問題，還很受歡迎。

■損害帶出的系統性問題

雖然很理所當然，但「帶來利益的聲譽」受到歡迎，「帶來損害的聲譽」被視爲問題。若「帶來利益的聲譽」將原因歸功於發送者的「好公關」和「成功行銷」的話，那「帶來損害的聲譽」第一個要檢討的應該也是發送者吧！「帶來損害的聲譽」之於謠言，如同「帶來利益的聲譽」之於口碑。聲譽損害主要是政府和地方自治團體等公家機關的官方公告，或大衆媒體等制度化的資訊流通渠道的問題，建立在這個基礎上，人與人之間流傳的謠言才應該被視爲第二個問題。

實際上，如同先前提到的案例，不是只有在無法獲取必要資訊的時候才會發生聲譽損害。即便資訊充足，對於公家機關有可能隱瞞資訊的不信任，以及無法從官方公告獲得眞正想知道的資訊的擔憂，使得大衆不再全盤接收政府官方公告和大衆媒體的報導，決定自行收集資訊並散播資訊。

比方說，我們來思考食品安全問題好了。其實問題不在於如何區分「安全食品」和「不安全食品」，而是人們認爲以「安全食品」名義流通在市面上的食品，還可區分成「覺得安全的食品」和「覺得不安全的食品」。

所謂區分方式是基於公家機關的官方公告或大眾媒體資訊等各種資訊，自己進行推測後的結論。如果可以選擇的話，則「合理地」選擇前者，也就是「感覺安全的食品」。對於以這種方式猜測和判斷的人，即便政府或大眾媒體提供數值並強調安全性，也不能指望可以對他們產生多大影響。這就像闢謠的時候必須拿出「事實」來澄清一樣，即使拿出數據，也只會導致其他假設，像是「政府的公告不可信」、「不是零的話，那就還是有危險」、「測量方式搞不好有問題」等。

如果是這樣的話，最重要的是讓人們相信政府的官方公告和大眾媒體的報導。毋庸置疑的是，獲得民眾的信心是一件非常困難的事，沒有簡單的處方箋。首先，公家機關、相關單位及大眾媒體必須因應需求，充分提供準確資訊，這點比什麼都重要。

這個結論和清水幾太郎的論點非常相近，他透過分析二二六事件後的謠言，批評媒體報導渠道和輿論渠道的功能不全。

■「反抗迷思」不一定能闢謠

我們每個人能做到的事，就是了解聲譽損害的機制。聲譽損害既不是被空穴來風的消息誤導，也不是抱有偏見的人受到不明確的資訊操弄，而是許多人基於手邊資訊，採取他們認為合理的行為而造成的現象，充分理解這一點並意識到聲譽損害其實和自己息息相關是很重要的一件事，就像闢謠措施一樣。

如同第3章所介紹的，調查法國奧爾良地區流傳的女性綁架謠言的社會學家莫蘭，特別強調「反抗迷思」的有效性。即便發表「從未發生過綁架案」的公開聲明都無法平息謠言，但在「這則謠言是反猶太主義的謠言」這個「反抗迷思」的說法擴散以後，謠言就迅速平息了。

那麼，有別於提供證據或進行驗證的「事實」，「反抗迷思」可以影響人們的推測、解釋和判斷，或許做爲聲譽損害的應對措施，也是很有效的。但不幸的是，究竟什麼事才能構成「反抗迷思」，我自己也沒有一個答案。此外，公家機關試圖建立「反抗迷思」是沒有效的，民眾只會認爲在隱瞞事態。

關於福島第一核電廠事故所帶來的聲譽損害，經常聽見有人爲災情感到痛心，刻意從網路上訂購當地的蔬菜，甚至到當地觀光。這讓我聯想到支持發展中國家的公平貿易運動，這是一個爲了持續支持飽受聲譽損害所苦的人們，在有選擇權的時候，會「刻意」選擇聲譽受損的地區的運動。建立出別於市場邏輯的產品流通系統，才是將這項運動化爲可能的關鍵。當然，如果有個機制可以個別支持那些至今還不爲人所知的企業也不錯，或者以鄉鎮市爲單位，甚至更小的單位也可以。成爲特定地區的支持者，繼續支持那些聲譽受損的地區吧。

日本一直以來被說是志工不紮根的社會，而阪神大地震正是改變日本社會的重大契機。同樣的，東日本大震災過後，過去從來沒有的社會應對措施很有可能會藉此向下紮根。

■現代人的資訊判讀素養：保有想像力

奧爾波特和波特曼提出謠言的公式：R~i×a，是指謠言的強度或散布量R，和對當事者造成問題的重要性i，及該話題證據的模糊性a成正比。我們還可以從這裡推導出聲譽損害的應對措施。

那就是面對模糊程度的**容忍**。

謠言往往會在社會緊急情況中爆發，因爲生命和未來對於每個人來說都很重要，但卻處於模稜兩可的處境。不清不楚的狀態讓人感到不舒服，會想尋求一個解釋或觀點也是合情合理的。我個人也可以理解想盡快釐清事實，不想一顆心懸掛在半空中的心情。然而在很多情況下，不只是你一人無法掌握情況而已，還有專家也無法理解的情況或是專家之間意見仍有分歧的情況，例如放射性物質的問題就是如此。包含食品安全、疾病、醫療相關問題，都會在日常生活中碰到這樣的情況。

心理學家中谷內一也在討論我們處理日常生活中面臨的各種風險，例如戴奧辛、石棉、SARS等所引起的社會動盪中，風險理論所描繪的社會和我們的行為判斷所描繪出來的社會是有差異的，他比喻前者是一個有色彩濃淡的灰色社會，而後者傾向於涇渭分明的黑白世界。

在風險理論所描繪的社會中，沒有一個領域的風險是完全白色、也就是零風險的，一切都是灰色的，而高風險區域就是深灰色。在一個全灰的世界裡，沒有一個明確界線去定義安全和危險，界線只是一個大致範圍而已。另一方面，我們所描繪的世界裡，在決定行動時，我們會明確地判斷是安全的還是危險的，只要待在白色的區域裡，就可以保障我們的安全。因為我們的行為只有零或一，沒有中間值。此外，這麼做對於認知負荷（每個單位時間必須處理的資訊量，使用腦部勞動的疲勞程度）的消耗較少。

經由大眾媒體傳播的風險往往會遭到迴避，因為只要不是「明確的白」，那就有可能是黑。在現今的日本社會中，人們擁有許多豐富的選項，替代品也很多。而比起選擇似乎沒有風險的商品，選擇確實沒有風險（推測）的商品更容易導致聲譽損害。

因此，我們需要的是**面對模糊性的「容忍」**。

當然，政府和大眾媒體等制度化的資訊流通渠道提供風險的充足資訊是必須的。此外，對於接收資訊的我們，每個人保有的態度不應該在判斷安全或危險的前提下尋求結論。風險基本上就是漸層的灰色，我們應該要一起尋求可以判斷灰色濃度的資訊。

因此，對模糊性的「容忍」並不代表要默默忍住不清不楚狀態。相反地，這是在批評那些爲了閃避模稜兩可情況而輕易妄下結論的行爲。我們爲了減輕模糊性，必須在容忍的同時，長期持續接觸各式各樣的資訊。

接受模稜兩可的情況，再一點一點的減輕——面對模糊性的「容忍」無論做爲聲譽損害措施，或闢謠措施都是很重要的。

要做到這一點，我們需要的是想像力，或許受影響的人們只是剛好被捲進意外，其實眞正受影響的人搞不好是自己。例如，關於東日本大震災，我們可以透過想像對地震或海嘯的受災戶、核電事故的受害者長時間抱有同理心，我們可以有強烈的意志來面對這個「無法預測的」災難。我想強調的是，我們不應該只覺得是「好可憐的聲譽損害」，而是要視為「我個人的聲譽損害」，**每個人的推測、解釋、判斷，就是最有效的聲譽損害防範措施**。

結語

謠言，是將人們連繫在一起的故事

聽說千葉縣有位因喪失記憶，而漂流到那裡生活的人。

二〇一一年九月，我從擔任記者的舊識澀井哲也先生那裡聽說這則謠言。自東日本大震災發生以來，澀井先生一直在災區進行採訪活動，就連我現在在寫這篇文章的時候也是。

當重要的人突然下落不明的話，對於對方的死亡是沒有任何眞實感的。然而，在突如其來的地震和海嘯發生半年後，就不得不面對重要的人可能已經不在的現實，畢竟如果還活著的話，爲什麼不回來呢？可以解釋的唯一原因是「失去記憶」。「遭遇事件或事故的人喪失了記憶，在某個地方生活得很好，某天又突然恢復記憶。」這是電視劇、小說、電影中，大家所熟悉的

「故事」。談論這則謠言的人，也不是「眞的」相信有個人被海嘯捲走，漂流到別的地方還喪失記憶吧。如果眞有這麼一個人，現在社會這麼進步，應該馬上就能辨識出自己的身分並回到家。

在某種層面來說，災民在這種典型的「故事」上寄託一絲希望，透過談論謠言這種親密的「連繫」（關係），慢慢接受失去重要的人的事實。想到他們也不得不接受，讓我的心感到十分難受。

當重要的人過世時，我們會充斥混亂和悲傷情緒，一但克服悲傷後，慢慢接受失去對方的「哀悼工作」都是每個失去摯愛的人的必經過程。因爲海嘯使熟悉的城鎭毀於一旦成爲災區，帶走許多寶貴性命，所以「哀悼工作」才會以謠言形式共享吧。

「我看見被海嘯沖垮的小學廢墟上有小孩子在玩耍」、「有好多人從海裡上岸穿越馬路，所以塞車了」等，澀井先生說海嘯災區流傳這些「見鬼」的傳聞。雖然說是「見鬼」，但卻不是靈異故事，而是人們心裡那股「就算是鬼也好，好想見上一面」的心情而衍生出的「目擊故事」。

本書裡也提到幾次，就像其他災難一樣，東日本大震災後流傳各式各樣的謠言。引起人們混亂的謠言、讓人感到不安的謠言，原來一開始是正確的資訊，在散播過程中越來越不符合「現狀」，最後變成假消息。

人們會關注一則謠言，往往是謠言已經具體引發社會問題的情況。然而，當我聽見「喪失記憶的海嘯倖存者」的故事時（沒有擴散出去，也沒有大眾媒體報導），我才體會到一則謠言的產生，在人們之間共享的「意義」，也再次確認謠言確實是「最古老的傳媒」。

謠言是資訊的同時，也是一個超越事實的故事。

以前我就曾經想過要用這個角度來思考謠言，當我再一次思考謠言的資訊性和故事性時，中央公論新社的白戶直人先生就來向我邀稿了。其實很久之前白戶先生就邀過稿，但我以公私兩忙爲由拒絕了。當年初次見面時，我抱在懷裡的兒子在今年（二〇一四）春天要上高中，非常感謝他給了屢次推辭的我一個寫作機會。

本來我就對以謠言爲中心的人際溝通很感興趣，在這期間，我的研究主旨就是行動電話這些在社會普及的新媒介對於人們的人際溝通或人際關係，甚至是整個社會帶來的影響。究竟人際溝通會不會因爲媒介而轉變？人與人之間的「連繫」（關係）正在改變嗎？

從這個觀點來回顧謠言會發現，在過去的謠言研究中，我從來沒有探討過這個主題。那就是傳播謠言的媒介的問題。媒介不單單只是一個工具而已，那麼，經由媒介傳播的謠言和過去的謠言也會有所不同吧。

雖然出版界已經有許多和謠言相關的書籍，但若要說本書最大特徵，那就是我將焦點集中在一九九〇年代中期過後，我們日常生活中不可或缺的行動電話、簡訊、網路這些媒介和謠言之間的關係。

不僅是謠言的「內容」，還有謠言的媒介性質，其中我特別關注的是謠言帶來的「連繫」（關係），我認爲這和我開始扮演名爲母親的社會角色這個私人因素有著密切關聯。

在關於謠言的文獻中，有很多章節探討「女性與謠言」，內容通常是針對自古以來「女性比男性更喜歡謠言」的說法探究原因。但是，女性「眞的」

有比較喜歡謠言嗎？在這個情況下的「謠言」，通常指的是和人有關的謠言（八卦），如果要用這麼刻板印象的說法的話，居酒屋裡的男性上班族不也都在聊八卦嗎？既然如此，爲什麼只譴責女性喜歡聊八卦呢？這是我長年以來的疑問。

在母親這個社會角色中，在每天的閒話家常中，透過謠言或評論來獲取資訊是非常重要的。

比方說，在照顧一個不滿周歲的孩子時，有什麼地方可以讓另一個三歲大的孩子盡情玩耍呢？如果其中一個孩子身體不舒服，但又不想把另一個健康的孩子帶到醫院，有沒有哪間評價不錯的小兒科可以預約並且在短時間內看完診呢？鋼琴班和游泳班評價如何？新的班導師是個什麼樣的人呢？

本地的媽媽網絡得到的這些瑣碎資訊既有價值又有助益。當然，有些資訊在網路上也查詢得到，但需要託人照顧孩子或提供飲食的時候，能給予協助的是這種有具體「連繫」（關係）的對象。透過彼此的「聯繫」（關係）獲得精神層面和物理層面的支持，是我一路以來在做的母親的工作。

但我們並不是以互助爲目的才建立起「關係」的。透過平時經常打招呼、傳簡訊、聊天產生的關係是很快樂的，又能緩解壓力。正因爲有了「連繫」這層關係，才會獲得協助和當地資訊。

這個網絡能夠獲得的不只是身爲母親必備的資訊而已，還有家事的訣竅、與人相處的方式、美容或健康的相關資訊等，透過和媽媽同伴之間的閒話家常、謠言、評論，可以學到很多東西。閒話家常中確實會聊到和人有關的謠言（八卦），我也不會說完全沒有說壞話的內容。但大部分的八卦都是因爲對對方感興趣才會提及，正因爲對方也是「同伴」，所以才會把話題聊到他身上。

換句話說，我並不認爲我在做爲一名母親時的閒話家常和聊謠言是沒有意義或差勁的，但這也只是我個人的經驗，如果你是會爲媽媽友的相處方式感到煩惱的人，或許會覺得我只是很幸運吧。此外，有些身爲父親的人也有類似經驗，畢竟也有人認爲「連繫」（關係）和父母角色或性別是無關的。

然而，我以研究員身分探討「連繫」（關係）時，我的個人經驗給了我很大的提示。這也就是爲什麼本書致力減輕謠言和閒話家常的負面形象，並且相當關注透過日常謠言和聊天產生並維持的「連繫」。

被喻爲最古老傳媒的謠言，自古以來到現在，甚至到未來，都不只是在傳播資訊，還會連結起人與人之間的「關係」。人與人之間的關係也會被各種新媒介所改變，但即使謠言改變了形式，人與人之間的關係今後也會緊緊相連。

在撰寫本書草稿時，明治大學資訊傳播系的江下雅之教授提供了專業建議。非常感謝您在百忙之中爽快地答應協助我，並給予我許多寶貴的建議。此外，二〇一三年度我擔任中央大學的特別研究員，多虧我的同事和相關人士的協助，使我能專注於研究工作上。

最後，我平時總是愛嘮叨又手忙腳亂的，感謝一直以來支持我、逗我笑的丈夫和孩子們。

・総務省情報通信国際戦略局情報通信経済室 2007「我が国の社会生活における ICT 利用に関する調査報告書」
http://www.soumu.go.jp/johotsusintokei/linkdata/other012_200707_hokoku.pdf
・総務省情報通信国際戦略局情報通信経済室 2011「ICT インフラの進展が国民のライフスタイルや社会環境等に及ぼした影響と相互関係に関する調査報告書』
http://www.soumu.go.jp/johotsusintokei/linkdata/h23_06_houkoku.pdf
・スタジオジブリ広報部「いつものジブリ日誌」2007 年 5 月 1 日
http://www.ghibli.jp/15diary/003717.html
・田淵義朗 2013. 9. 25「あの人が書き込みを……2ch 情報流出の波紋」『PRESIDENT Online』
http://president.jp/articles/-/10701
・ビデオリサーチ「視聴率データ 過去の視聴率データ 全局高世帯視聴率番組 50」
http://www.videor.co.jp/data/ratedata/al150.htm

・内閣府「社会意識に関する世論調査」
http://www8. cao. go. jp/survey/index-sha. html
・内閣府「消費動向調査」
http://www. esri. cao. go. jp/jp/stat/shouhi/menu_shouhi. html
・内閣府政府広報室 2006「子どもの防犯に関する特別世論調査 集計表」
http://www8. cao. go. jp/survey/tokubetu/h18/h18-bouhan. html
・中川雅之 2013「『家に包丁？ありませんよ』『個食・時短』時代の調理に見えるもの」『日経ビジネス』2013. 8. 26
http://business. nikkeibp. co. jp/article/opinion/20130821/252494/?P=1
・2 ちゃんねるビューラー「不正アクセスによるお客様情報流出につきましてのご報告［2013 年 8 月 30 日 23:00］」
http://2ch. tora3. net/20130830. html
・小笠原盛浩・赤倉優蔵・飯塚麻代・川島浩誉・藤代裕之・山口浩 2013「Twitter の謠言拡散・収束とマスメディア報道の関係」情報通信学会モバイル・コミュニケーション研究会配布レジュメ
http://www. slideshare. net/Morihiro Ogasahara/20130127-twitter
・小笠原盛浩・山口浩・藤代裕之 2013「災害時のツイートへの対応意図・信頼に及ぼす行動コストの効果」第 30 回情報通信学会配布レジュメ
http://www. slideshare. net/MorihiroOgasahara/130623
・Shooting Star「夢と希望を与えてくれる本であふれる『奇跡の本屋』をつくりたい。まずは中学生の本棚から」
http://shootingstar. jp/projects/188#summary

吉村昭、2004、『関東大震災』文春文庫

引用網頁

・中央調査社「事業所におけるOA機器普及状況調査をふりかえって」
http://www.crs.or.jp/backno/old/No508/5081.htm
・CNN.co.jp「4歳児の皮膚の下で巻き貝が孵化?米カリフォルニア州」
2013.08.20 Tue posted at 11:03 JST
http://www.cnn.co.jp/usa/35036134.html
・Hagex-day.info 2012/2/2「Facebookはバカばかり」
http://d.hatena.ne.jp/hagex/20120202/p5
・Harvard Library Ask a Librarian
http://www3.sympatico.ca/dstephenl/harvardnonsense.htm
・Hoax-Slayer "The Tale of the Racist Airline Passenger"
http://www.hoax-slayer.com/racist-airline-passenger.shtml
・法務省「出入国管理統計統計表」
http://www.moj.go.jp/housei/toukei_ichiran_nyukan.html
・川上善郎・川浦康至・片山美由紀・杉森伸吉 2001『日常会話に関する調査報告』
http://homepage2.nifty.com/rumor/sonota/report.pdf
・国立社会保障・人口問題研究所 2013「生活と支え合いに関する調査」
http://www.ipss.go.jp/ss-seikatsu/j/2012/seikatsu2012.asp

部紀要』34（3）、pp. 373-389.

辻泉、2006、『自由市場化』する友人関係：友人関係の総合的アプローチに向けて」岩田考・羽渕一代・菊池裕生・苫米地伸（編）『若者たちのコミュニケーション・サバイバル：親密さのゆくえ』恒星社厚生閣、pp. 17-29.

常光徹、1993、『学校の怪談：口承文芸の展開と諸相』ミネルヴァ書房

内田百閒、1982、『鬼苑乗物帖』六興出版

宇佐和通、2010、『都市伝説の真実』祥伝社黄金文庫

渡辺節子、2000、「情報と民話：タレントが話す怖い体験」

福田晃・常光徹・斎藤寿始子編、『日本の民話を学ぶ人のために』世界思想社、pp. 234-242.

渡辺良智、1998、「M 資金伝説」『青山学院女子短期大学紀要』52、pp. 165-193.

渡辺良智、2002、「子供たちはどこへ消えるのか：都市伝説生成の背景を探る」『青山学院女子短期大学紀要』56、pp. 151-183.

渡辺良智、2010、「身体毀損の噂に見る社会の表象」『青山学院女子短期大学紀要』64、pp. 93-109.

山口敏太郎、2008、『マンガ・アニメ都市伝説』ベストセラーズ

山本節、1989、「『消えた新妻』の諸相：パリのうわさから」『言語』1989 年 12 月号、pp. 60-65.

柳田國男、1990、「伝説のこと」『柳田國男全集 7』ちくま文庫、pp. 587-601.

Sunstein, Cass R., 2001, Republic Com. Princeton University Press.

Sunstein, Cass R., 2009, On Rumors : How Falsehoods Spread, Why We Believe Them, What Can Be Done. Farrar, Straus and Giroux.

鈴木淳、2004、『関東大震災：消防・医療・ボランティアから検証する』ちくま新書

鈴木謙介、2013、『ウェブ社会のゆくえ：<多孔化〉した現実のなかで』NHK出版

鈴木浩三、2013、『江戸の風評被害』筑摩書房

高木光太郎、2006、『証言の心理学：記憶を信じる、記憶を疑う』中公新書

武田雅哉、2011、『万里の長城は月から見えるの？』講談社

竹中一平、2005、「対人コミュニケーションの観点から見たうわさの伝達」『社会心理学研究』21（2）、pp. 102-115.

竹中一平、2009、「『うわさ学』の現在」『Mobile Society Review 未来心理』15、pp. 50-59.

竹中一平・松井豊、2007、「大学生の日常会話におけるうわさの類型化：内容属性の評価の観点から」『筑波大学心理学研究』34、pp. 55-64.

津金澤聰廣、1996、「阪神大震災における謠言飛語とメディア」『放送学研究』46、pp. 107-132.

辻大介、2003、「若者の友人・親子関係とコミュニケーションに関する調査研究概要報告書：首都圏在住の16~17歳を対象に」『関西大学社会学

佐藤健太郎、2012、『「ゼロリスク社会」の罠：「怖い」が判断を狂わせる』光文社新書

佐藤達哉、1997、「うわさの検証：謠言としての当たり屋チラシ」川上善郎・佐藤達哉・松田美佐、『うわさの謎：謠言、デマ、ゴシップ、都市伝説はなぜ広がるのか』日本実業出版社、pp. 203-241.

佐藤達哉編、1999、『謠言、うわさ、そして情報：うわさの研究集大成』至文堂

Schechter, Harold, 1988, The Bosom Serpent: Folklore and Popular Art. University of Iowa Press.

Schivelbusch, Wolfgang, 1979, The Railway Journey: The Industrialization of Time and Space in the 19th Century. University of California Press.

関谷直也、2011、『風評被害：そのメカニズムを考える』光文社新書

渋井哲也、2013、「被災地では目撃例にとどまらず…『幽霊でもいいから会いたい』」『週刊女性』2013年3月26日号、p. 167.

Shibutani, Tamotsu, 1966, Improvised News. A Sociological Study of Rumor. Bobbs-Merrill.

清水幾太郎、1937、『流言蜚語』日本評論社（→2011ちくま学芸文庫）

総務省編、2013、『平成二五年版情報通信白書』日経印刷

杉山光信、1989、「ファンタジーのレアリティと噂：うわさの源泉」『言語』1989年12月号、pp. 54-65.

スマイリーキクチ、2011、『突然、僕は殺人犯にされた』竹書房

岡檀、2013、『生き心地の良い町：この自殺率の低さには理由がある』講談社

大塚英志、2004、『「おたく」の精神史：一九八〇年代論』講談社現代新書

大塚英志、2012、『物語消費論改』アスキー新書

大月隆寛、1997、『若気の至り』洋泉社

Pooley, Jefferson and Michael Socolow, 2013, "War of the Words：TheInvasion from Mars and Its Legacy for Mass Communication Scholarship." Joy Elizabeth Hayes, Kathleen Battles and Wendy Hilton-Morrow (eds), War of the Worlds to Social Media：Mediated Communication in Times of Crisis, Peter Lang, pp. 35-56.

Poster, Mark, 1990, The Mode of Information: Poststructuralism and SocialContexts. Polity.

Rosnow, Ralph and Gary A. Fine, 1976, Rumor and Gossip: The Social Psychology Hearsay. Elsevier.

Ross, John F., 1999, The Polar Bear Strategy.：Reflections On Risk in Modern Life. Basic Books.

酒井紀美、1997、『中世のうわさ：情報伝達のしくみ』吉川弘文館

坂木俊公、2003、『死体洗いのアルバイト：病院の怪しい噂と伝説』イースト・プレス

佐藤健二、1995、『流言蜚語：うわさ話を読みとく作法』有信堂高文社

学』ちくま新書

Neubauer, Hans-Joachim, 1998, Fama: Eine Geschichte des Gerüchts. Berlin Verlag.

NEWS WORK 阪神大震災取材チーム、1995、『謠言兵庫』碩文社

NHK 放送文化研究所編、2010、『現代日本人の意識構造 第七版』日本放送出版協会

西丸與一、1995、『法医学教室との別れ』朝日文庫

野上元、1997、「『落書き』資料の想像力：特高警察による戦時期日本社会の解読」『年報社会学論集』10、関東社会学会、pp. 133-144.

野口道彦、2000、「鈴鹿市の謠言と外国人差別」『同和問題研究』22号、pp. 63-73.

野村純一、1995、『日本の世間話』東書選書

野沢慎司、2009、『ネットワーク論に何ができるか：「家族・コミュニティ問題」を解く』勁草書房

NTT サービス開発本部編、1991、『図説 日本人のテレコム生活 1991』NTT 出版

荻上チキ、2009、『社会的な身体：振る舞い・運動・お笑い・ゲーム』講談社現代新書

荻上チキ、2011、『検証 東日本大震災の謠言・デマ』光文社新書

大橋靖史・森直久・高木光太郎・松島恵介、2002、『心理学者、裁判と出会う：供述心理学のフィールド』北大路書房

三隅譲二、1991、「都市伝説：謠言としての理論的一考察」『社会学評論』42（1）、pp. 17-31.

宮地忠彥、2012、『震災と治安秩序構想：大正デモクラシー期の「善導」主義をめぐって』クレイン

水野博介、2004、「『うわさ』に関する理論的再考：くちコミとメディアにおける未確認情報の流布に関する考察」『日本アジア研究』創刊号、pp. 119-130.

モバイル・コミュニケーション研究会、2002、『携帯電話利用の深化とその影響』（科研費：携帯電話利用の深化とその社会的影響に関する国際比較研究、初年度報告書）

Morin, Edgar, 1969, La Rumeur d' Orléans. Le Seuil Éditions.

中村功、2000、「電話と人間関係」廣井脩・船津衛編『情報通信と社会心理』北樹出版、pp. 45-70.

中村功、2001、「現代の謠言：「携帯ワンギリ広告」の例」『松山大学論集』13（5）、pp. 295-333.

中尾啓子、2002、「パーソナルネットワークの概要と特性：東京都居住者対象のネットワーク調査から」森岡清志編著『パーソナルネットワークの構造と変容』東京都立大学出版会、pp. 17-39.

中谷内一也、2006、『リスクのモノサシ：安全・安心生活はありうるか』日本放送出版協会

中谷内一也、2008、『安全。でも、安心できない…：信頼をめぐる心理

選択的関係論へ」『社会情報学研究』4、pp. 111-122.

松田美佐、2014、「ケータイの 2000 年代」松田美佐・土橋臣吾・辻泉編『ケータイの 2000 年代：成熟するモバイル社会』東京大学出版会、pp. 1-19.

松田美佐・土橋臣吾・辻泉編、2014、『ケータイの 2000 年代：成熟するモバイル社会』東京大学出版会

松谷みよ子、1985~1996、『現代民話考』全 12 巻、立風書房

松本康・1992、「都市は何を生みだすか：アーバニズム理論の革新」森岡清志・松本康編、『都市社会学のフロンティア 2: 生活・関係・文化』日本評論社、 pp. 33-68.

松山巖、1993、『うわさの遠近法』青土社

McLuhan, Herbert Marshall, 1964, Understanding Media：The Extensions of Man. McGraw-Hill.

Merton, Robert K., 1949, Social Theory and Social Structure：Toward the Codifcation of Theory and Research. Free Press.

三上俊治、1998、「インターネットと謠言」『日本語学』1998 年 9 月号、pp. 140-149.

Milgram, Stanley, 1977, The Individual in a Social World：Essays and Experiments. Printer & Martin Ltd.

南博・社会心理研究所、1976、『くちコミュニケーション』誠信書房

南博責任編集、1985、『近代庶民生活誌 4 謠言』三一書房

女の伝言板：日本の現代伝説』白水社

是永論、1997、「『うわさ話』の持つ威力」橋元良明編『コミュニケーション学への招待』大修館書店、pp. 148-164.

Loftus, Elizabeth F., 1979, Eyewitness Testimony. Harvard University Press.

Loftus, Elizabeth F. and Katherine Ketcham, 1991, Witness for the Defense: The Accused, the Eyewitness and the Expert Who Puts Memory on Trial. St. Martin's Griffin.

牧野智和、2012、『自己啓発の時代：「自己」の文化社会学の探究』勁草書房

増田直紀、2012、『なぜ3人いると噂が広まるのか』日本経済新聞出版社

松田美佐、1993、「噂研究から噂を通じた研究へ：A. Schutzの生活世界論の検討を通じて」『マス・コミュニケーション研究』43、pp. 132-145.

松田美佐、1996a、「移動電話利用のケース・スタディ」『東京大学社会情報研究所調査研究紀要』第7号、pp. 167-189.

松田美佐、1996b、「普及初期におけるメディアの噂：携帯電話と電話を事例として」『東京大学社会情報研究所紀要』第52号、pp. 25-46.

松田美佐、1998a、『うわさの科学』河出夢新書

松田美佐、1998b、「うわさ話伝播の諸相：うわさ話と報道の境目へ」『日本語学』1998年1月号、pp. 14-22.

松田美佐、2000、「若者の友人関係と携帯電話利用：関係希薄化論から

謝名元慶福、1994、「現代中学生・高校生像」『NHK 放送文化調査研究年報 39』、pp. 125-147.

Jung, Carl Gustav, 1958, Ein Moderner Mythus: von Dingen, die am Himmel Gesehen Werden. Rascher Verlag.

姜徳相・琴東洞編、1963、『現代史資料 6 関東大震災と朝鮮人』みすず書房

金光昭、1965、『赤電話・青電話』中公新書

Kapferer, Jean-Noël, 1987, Rumeurs: Le Plus Viex Média du Monde. Éditions du Seuil.

Kapferer, Jean-Noël, 1989, "A Mass Poisoning Rumor in Europe". In Public Opinion Quarterly. 53 (4), pp. 467-481.

川上善郎、1997、『うわさが走る：情報伝播の社会心理』サイエンス社

川上善郎、2004、『おしゃべりで世界が変わる』北大路書房

川上善郎・佐藤達哉・松田美佐、1997、『うわさの謎：謠言、デマ、ゴシップ、都市伝説はなぜ広がるのか』日本実業出版社

川島高峰、2004、『謠言・投書の太平洋戦争』講談社学術文庫

木下富雄、1977、「謠言」池内一編『講座社会心理学 3』東京大学出版会、pp. 11-86.

桐生静＋光栄カルト倶楽部編、1994、『都市にはびこる奇妙な噂』光栄

小池壮彦、2005、『心霊写真：不思議をめぐる事件史』宝島社

近藤雅樹、1997、『霊感少女論』河出書房新社

近藤雅樹・高津美保子・常光徹・三原幸久・渡辺節子編著、1995、『魔

石丸元章・大月隆寛対談、1989、「送らずにはいられない。雑誌投稿欄は胸躍る“うわさグラフィティ”」『別冊宝島 92 うわさの本』JICC 出版局、pp. 52-69.

伊藤龍平、2008、「ネット怪談『くねくね』考：世間話の電承について」『世間話研究』18、世間話研究会、pp. 1-13.

伊藤龍平、2011、「『探偵！ナイトスクープ』の『謎のビニール紐』」：電脳メディアの技術史とネットロア」『世間話研究』20、pp. 32-44.

いとうせいこう、1988、『ノーライフキング』新潮社

伊藤陽一・小川浩一・榊博文、1974a、「デマの研究概論・諸事実編 愛知県豊川信用金庫“取り付け”騒ぎの現地調査」『総合ジャーナリズム研究』夏季号、1974 年 7 月、pp. 70-80.

伊藤陽一・小川浩一・榊博文、1974b、「デマの研究 考察・分析編 愛知県豊川信用金庫“取り付け”騒ぎの現地調査」『総合ジャーナリズム研究』秋季号、1974 年 10 月、pp. 100-111.

岩倉千春・大島広志・高津美保子・常光徹・渡辺節子編著、1999、『幸福の E メール：日本の現代伝説』白水社

岩田考、2006、「多元化する自己のコミュニケーション」岩田考・羽渕一代・菊池裕生・苫米地伸（編）『若者たちのコミュニケーション・サバイバル：親密さのゆくえ』恒星社厚生閣、pp. 3-16.

岩田考、2014、「ケータイは友人関係を変えたのか」松田美佐・土橋臣吾・辻泉編『ケータイの 2000 年代：成熟するモバイル社会』東京大学出版会、pp. 149-178.

広田すみれ・高木淳、2009、「インターネット上でのネットロアの伝達と変容過程」『東京都市大学環境情報学部情報メディアセンタージャーナル』10、pp. 104-108.

一柳廣孝編著、2005、『「学校の怪談」はささやく』青弓社

飯倉義之、2008、「都市伝説は陰謀する：2000 年代後半の『都市伝説』ブーム・走り書き」『口承文芸研究』31、pp. 172-175.

飯倉義之、2012、「都市伝説化する『想像力』：『大きな物語の喪失』と陰謀論的想像力」『比較日本文化研究』15、pp. 53-63.

飯倉義之、2013、「都市伝説が『コンテンツ』になるまで：『都市伝説』の一九八八～二〇一二」『口承文芸研究』36、pp. 90-102.

池田香代子、2001、『世界がもし 100 人の村だったら』マガジンハウス

池田香代子・大島広志・高津美保子・常光徹・渡辺節子編著、1994、『ピアスの白い糸：日本の現代伝説』白水社

池田香代子・大島広志・高津美保子・常光徹・渡辺節子編著、1996、『走る・お婆さん：日本の現代伝説』白水社

池田謙一、2013、『新版 社会のイメージの心理学：ぼくらのリアリティはどう形成されるか』サイエンス社

池内一、1951、「太平洋戦争中の戦時謠言」『社会学評論』2 (2)、pp. 30-42.

稲葉哲郎、2003、「うわさの伝播過程」『一橋論叢』129 (4)、pp. 435-447.

石田光規、2011、『孤立の社会学：無縁社会の処方箋』勁草書房

Town and City. The University of Chicago Press.

藤竹暁、1974、『パニック：流言蜚語と社会不安』日経新書

Goffman, Erving, 1963, Behavior in Public Places: Notes on the Social Organization of Gatherings. The Free Press of Glencoe.

後藤将之、1995、「うわさ・虚報・ゴシップ」有山輝雄・津金澤聰廣編『現代メディアを学ぶ人のために』世界思想社、pp. 102-119.

羽渕一代、2003、「携帯電話利用とネットワークの同質性」『弘前大学人文学部人文社会論叢（社会科学篇）』9、pp. 73-83.

浜井浩一、2004、「日本の治安悪化神話はいかに作られたか：治安悪化の実態と背景要因（モラル・パニックを超えて）」『犯罪社会学研究』29、pp. 10-26.

原田勝正、1983、『明治鉄道物語』筑摩書房

橋元良明、1986、「災害と謠言」東京大学新聞研究所編『災害と情報』東京大学出版会、pp. 225-271.

橋元良明編、2011、『日本人の情報行動 2010』東京大学出版会

早川洋行、2002、『謠言の社会学：形式社会学からの接近』青弓社

林幸雄、2007、『噂の拡がり方：ネットワーク科学で世界を読み解く』化学同人

廣井脩、1988、『うわさと誤報の社会心理』日本放送出版協会

廣井脩、2001、『謠言とデマの社会学』文春新書

広瀬弘忠、2004、『人はなぜ逃げ遅れるのか：災害の心理学』集英社新書

Legends and their Meanings. W. W. Norton & Company.

Brunvand, Jan Harold, 1984, The Choking Doberman: and Other "New" Urban Legends. W. W. Norton & Company.

Brunvand, Jan Harold, 1986, The Mexican Pet : More "New" Urban Legends and Some Old Favorites. W. W. Norton & Company.

Brunvand, Jan Harold, 1989, Curses! Broiled Again!: The Hottest Urban Legends Going. W. W. Norton & Company.

Brunvand, Jan Harold, 1993, The Baby Train: and Other Lusty Urban Legends. W. W. Norton & Company.

Cantril, Hardley, 1940, The Invasion from Mars: A Study in the Psychology of

Panic. Princeton University Press.

Dalziel, Greg (ed.), 2013, Rumor and Communication in Asia in the Internet Age. Routledge.

DiFonzo, Nicholas, 2008, The Watercooler Effect: An Indispensable Guide to Understanding and Harnessing the Power of Rumors. Avery.

榎本博明、2009、『記憶はウソをつく』祥伝社新書

江下雅之、2000、『ネットワーク社会の深層構造：「薄口」の人間関係へ』中公新書

Fischer, Claude S., 1976, The Urban Experience. Harcourt Brace & Company.

Fischer, Claude S., 1982, To Dwell Among Friends: Personal Networks in

文獻一覽

參考文獻

安倍北夫、1974、『パニックの心理：群集の恐怖と狂気』講談社現代新書

Allport, Gordon W. and Leo Postman, 1947, The Psychology of Rumor. Henry Holt.

Aronson, Sidney D., 1971, "The Sociology of the Telephone." In International Journal of Comparative Sociology 12, pp. 153-167.

淺羽通明、1989、「D. P. Eは逢魔の時間帯：複製技術時代の心霊写真!?」『別冊宝島 92 うわさの本』JICC 出版局、pp. 76-89.

朝倉喬司、1989、「あの『口裂け女』の棲み家を岐阜山中に見た！」『別冊宝島 92 うわさの本』JICC 出版局、pp. 132-149.

Bird, Elizabeth, 1996, "CJ's Revenge: Media, Folklore, and the Cultural Construction of AIDS." In Critical Studies in Mass Communication 13, pp. 44-58.

Brednich, Rolf Wilhelm, 1990, Die Spinne in der Yucca-Palme. C. H. Beck'sche Verlagsbuchhandlung.

Brednich, Rolf Wilhelm, 1991, Die Maus im Jumbo-Jet. C. H. Beck'sche Verlagsbuchhandlung.

Brunvand, Jan Harold, 1981, The Vanishing Hitchhiker: American Urban

一起來　思 015

跑得比眞相更快的謠言

要判讀的是訊息，還是人心？點出正確知識道路的「資訊傳播心理學」

うわさとは何か：ネットで変容する「最も古いメディア」

作　　者　松田美佐
譯　　者　林以庭
主　　編　林子揚
責任編輯　林杰蓉

總 編 輯　陳旭華 steve@bookrep.com.tw
社　　長　郭重興
發 行 人　曾大福
出版單位　一起來出版／遠足文化事業股份有限公司
發　　行　遠足文化事業股份有限公司 www.bookrep.com.tw
　　　　　23141 新北市新店區民權路 108-2 號 9 樓
　　　　　電話｜02-22181417　　傳真｜02-86671851
法律顧問　華洋法律事務所　蘇文生律師

封面設計　LIN
排　　版　Mr. 蒙布朗
印　　製　成陽印刷股份有限公司
二版二刷　2023年 1月
定　　價　380 元
I S B N　9786269616046（平裝）
　　　　　9786269616053（PDF）
　　　　　9786269616060（EPUB）

國家圖書館出版品預行編目（CIP）資料

跑得比眞相更快的謠言：要判讀的是訊息，還是人心？點出正確知識道路的「資訊傳播心理學」
/ 松田美佐著 ; 林以庭譯 . -- 二版 . -- 新北市 : 一起來出版 : 遠足文化事業股份有限公司發行 , 2022.08
面；　公分 . --（思 ; 15）
譯自 : うわさとは何か : ネットで変容する「最も古いメディア」
ISBN 978-626-96160-4-6(平裝)

1.CST: 謠言 2.CST: 社會心理學
541.772　　111010884